MOSAICO ITALIANO
Racconti per stranieri
11

Cinzia Medaglia
Il mondo
di Giulietta

LIVELLO 2/4

BONACCI
B
EDITORE

1ª ristampa della 1ª edizione

I diritti di traduzione, di memorizzazione elettronica, di riproduzione e
di adattamento totale o parziale, con qualsiasi mezzo
(compresi i microfilm e le copie fotostatiche), sono riservati per tutti i paesi.

Illustrazione in copertina di Raquel García Maciá

Printed in Italy

Bonacci editore
Via Paolo Mercuri, 8
00193 ROMA (Italia)
tel:(0039)06.68.30.00.04
fax:(0039)06.68.80.63.82
e-mail: info@bonacci.it
http://www.bonacci.it

© Bonacci editore, Roma 2003
ISBN 13: 978-88-7573-381-0

1
A scuola

È un mattino d'inverno. Giulietta è davanti alla scuola. Mentre entra tra una folla di ragazzi e ragazze, si sente sperduta.

È il suo primo giorno in questa scuola – uno dei tanti primi giorni di scuola della sua vita – ma non si guarda intorno. Anche senza osservare, sa che ci devono essere pareti bianco-grigie e un lungo corridoio.

"Le scuole sono tutte uguali..." dice sempre a sua madre quando torna a casa, e sarà così anche questa volta.

Tutte uguali... tutte uguali anche nel senso che le odia e le ha odiate tutte.

Una commessa[1] l'accompagna in segreteria e le dice:

"Adesso arriva il preside[2]...".

Lei rimane lì in piedi. Non pensa a niente.

Suona la campanella e i corridoi diventano improvvisamente silenziosi.

Poi arriva il preside. È un uomo alto e robusto. Le sorride.

Lei lo guarda. Da qualche parte su una rivista ha letto:

"Bisogna guardare la gente negli occhi... e sorridere, così si dà l'impressione di non essere persone ostili."

La prima cosa non è difficile, ma la seconda...

"Il problema è che non trovo mai le persone abbastanza simpatiche per sorrider loro" pensa.

"Io sono il preside..." dice lui e le dà la mano. Giulietta la stringe, ma non sorride. Non le riesce proprio!

"Vieni Giulietta..." continua il preside, "ti accompagno nella tua classe."

Ecco, adesso arriva il momento più difficile! Giulietta sa già cosa succederà...

"È una scena che si è ripetuta per così tante volte nella mia vita! Come un film, uno di quei brutti film dell'orrore... E io Giulietta De Mari, povera piccola goffa[3] Giulietta De Mari, sono la grande protagonista!"

---

[1] *commessa:* addetta alle pulizie e alla custodia di una scuola.
[2] *preside:* capo di un istituto scolastico.
[3] *goffa:* chi si muove in modo impacciato, senza sicurezza.

Ora sta in piedi davanti alla classe: tiene la faccia rivolta verso terra, i capelli marroni (perché è così che lei li vede: marroni!) le coprono una parte della faccia, le mani tremano nelle tasche del giubbotto.

Ha trenta paia di occhi su di sé più quelli dell'insegnante.

Suda, sente la nausea salirle dallo stomaco... e poi la voce del preside:

"Questa è la vostra nuova compagna. Viene da un liceo di Bologna. Si chiama Giulietta De Mari."

"Giulietta – dice l'insegnante – siediti qui, vicino a Paola..."

Indica il secondo banco.

Giulietta vorrebbe girarsi e scappare via, lontano, in quelle belle foreste di cui vede le foto nei suoi libri di geologia, lungo i fiumi, su per le montagne bianche di neve.

Invece... invece... deve ancora subire la tortura di quelle trenta paia di occhi che la osservano e la giudicano.

Quando si siede è ancora tutta confusa. A testa bassa scrive l'orario delle lezioni e i titoli dei libri.

Paola, la sua compagna di banco, le rivolge qualche domanda, ma Giulietta pensa:

"Vuole solo essere gentile. In realtà anche lei mi trova antipatica e orrenda, come tutti..." e allora non risponde quasi.

Si sente triste e amareggiata.

2
La mamma di Giulietta

Giulietta torna a casa in autobus. Abita da poco tempo a Milano e non ricorda bene la strada, ma ricorda il numero dell'autobus, almeno quello sì: il numero cinquantaquattro la porta praticamente sotto casa!

Sua madre è al lavoro; è una donna molto impegnata. Fa l'attrice di teatro. Di giorno ha le prove, di sera lo spettacolo. Proprio a causa del suo lavoro sono costrette a cambiare città spesso.

Suo padre invece non vive con loro; se ne è andato tanto tempo prima, quando Giulietta aveva circa sette anni. Lavora in una grande

4

compagnia internazionale e viaggia sempre. Sta anche per mesi fuori dall'Italia, spesso in paesi lontani lontani, come l'India o l'Australia.

Le va a trovare una o due volte all'anno e ogni volta porta regali strani a Giulietta, cose che piacciono alle signore più che alle ragazze, come grossi anelli d'oro o foulard[4]. Giulietta li accetta al solito modo con un "grazie papi" detto a bassa voce che quasi non si sente. E forse il padre non ha mai capito che lei non sa cosa farsene di quegli oggetti!

"Il papà non mi vuole bene..." ha detto più di una volta Giulietta alla mamma.

"Non è vero!" ha ribattuto la mamma arrabbiata. "Tuo padre ti vuole bene, molto bene."

Giulietta non ha detto più niente anche se è rimasta della sua idea. Del resto non le piace discutere con sua madre. Lei è sempre così buona e convinta che tutti siano buoni come lei...

Giulietta scende dall'autobus. Ecco la sua nuova casa: un palazzo marrone uguale a tutti gli stabili marroni intorno. Si distingue soltanto per il numero!

"Che brutta casa!" pensa. Lei e la mamma hanno sempre abitato in ville o in appartamenti in bei palazzi eleganti. Questa invece... La mamma l'ha affittata perché è vicina al centro.

"Così non abbiamo problemi, – ha detto – io sono vicina al teatro e tu alla scuola... Sai, Milano è una grande città e non è facile trovare una casa in centro che non costi tutto il mio stipendio!".

Giulietta entra nell'appartamento. È al secondo piano. Ha tre stanze e una cucina: una stanza per la mamma, una stanza per lei e un salotto. La cosa bella è che ci sono due bagni, uno per ognuna.

Ciononostante questa casa proprio non piace a Giulietta. Alla mamma piace. Ma alla mamma piacciono tante cose e sembra sempre felice di tutto.

"Chissà se è veramente così come sembra o se, almeno a volte, finge...?" si chiede spesso Giulietta.

In realtà lei alla sua mamma vuole tanto bene. È molto dolce, cerca sempre di accontentarla e di farla divertire. Il problema è che con lei passa poco tempo, perché il teatro la occupa molto.

---

[4] *foulard:* fazzoletto da portare in testa o al collo.

"D'altra parte..." si dice Giulietta. "Cosa pretendo? Ho quasi dicias-
sette anni. Non posso sempre stare attaccata alle gonne[5] di mia madre."

Eppure quando è con lei sta veramente bene. Sua madre è la sua
migliore amica. La sua unica amica! È vero: ha vent'anni più di lei,
ma sembra così giovane e... bella. Non è solo lei a pensarlo, come
figlia. Lo dicono tutti e lo scrivono anche. Sulle recensioni[6] degli spettacoli si parla di Monica De Mari come di una "attrice ancora bellis-
sima". I suoi capelli sono di color biondo chiaro e gli occhi grandi e
verdi. Non è molto alta, ma è magra e ha le gambe lunghe come
quelle di una modella. E Giulietta sospetta che la gente pensi,
quando vede lei e la mamma insieme:
   "Quella non può essere sua figlia! Così brutta, così insignificante..."
   Ma quando sono insieme, a Giulietta non importa... non le
importa proprio di niente quando è con la sua mamma!

3
Cose già dette

   È novembre e Giulietta ha ancora tutto un anno di scuola davanti
a sé.
   Ogni mattina prima di uscire, cerca di convincersi che non è poi
così terribile.
   "Pensa a quei poveri ragazzi in India, in Brasile o chissà dove che
devono lavorare. Pensa alla gente povera e che muore di fame.
Pensa alle ragazze che alla tua età sono già sposate magari da quattro cinque anni con uno di trent'anni più vecchio di loro..."
   Ogni volta che prepara la cartella di mattina prima di andare a
scuola, si racconta questo, ma la "consolazione" dura ben poco. Già
sulla strada per la scuola le riprende l'angoscia.
   "Ancora cinque ore lì dentro..." si dice e risente l'aria pesante
della classe, gli occhi dei compagni su di lei e quelli degli insegnanti,
che trovano in genere Giulietta un po' tonta[7].

---

[5] *stare attaccata alle gonne:* stare sempre vicino e seguire.
[6] *recensioni:* articoli scritti riguardo a spettacoli teatrali e/o cinematografici in
cui si esprime un giudizio sul loro valore.
[7] *tonta:* stupida.

Lei cerca di stare attenta, e in alcune materie ci riesce. Italiano le piace molto perché ama leggere, e anche storia e filosofia le interessano.

Ma le altre materie... In matematica è sempre distratta; in educazione fisica si muove come un elefante. In latino e in inglese ha sei. In inglese scritto è molto brava, non fa un errore; infatti è stata in Inghilterra con la mamma tre anni prima e lì ha frequentato una scuola per italiani, dove parlavano anche l'inglese. Insomma capisce e parla quella lingua molto bene; ma quando l'insegnante d'inglese le fa qualche domanda davanti a tutta la classe, lei non dice una parola. Testa bassa, occhi bassi... la solita Giulietta, insomma.

Con i suoi compagni di classe si comporta allo stesso modo. Qualcuno, come Paola, la sua ex-compagna di banco, ha cercato di parlarle, ma lei non ha risposto. Le piacerebbe davvero avere un'amica, ma ormai è così poco abituata a parlare con i ragazzi della sua età...

Sul suo diario (da tanto tempo tiene un diario personale) scrive:

È veramente difficile parlare con gli altri: trovare le parole, rispondere con il tono giusto a ciò che gli altri dicono, e poi spesso non so proprio cosa dire.

Giulietta ora è seduta, come sempre, ad un banco nell'ultima fila, tutta sola. Durante l'intervallo sta lì a mangiare cioccolato e dolcetti e a guardare nel vuoto.

Finisce il quadrimestre e arriva la pagella[8]. I voti non sono né brutti né belli. Soltanto in italiano ha nove, perché Giulietta scrive molto bene e cose "sorprendenti", come ha detto l'insegnante di italiano a sua madre. Ma l'insegnante di lettere ha detto anche altre cose alla sua mamma, cose che la mamma ha già sentito tante volte:

"La ragazza è molto intelligente, scrive quasi come una scrittrice; studia e si vede che legge molto, ma..."

Qui l'insegnante ha fatto una pausa e ha continuato con una faccia seria e preoccupata:

"Ma Giulietta è così... chiusa. Non ha amici, non parla con nes-

---

[8] *pagella:* documento scolastico su cui si segnano i vari voti riportati dall'allievo durante l'anno.

suno... In classe anche con noi, intendo gli insegnanti, non parla se non la chiamiamo. A volte, soprattutto con alcuni dei miei colleghi neanche in quei casi. Dovrebbe cercare di aprirsi, di essere più naturale, di non vedere gli altri come nemici."

La mamma fa sì con la testa, e dice:

"Lo so molto bene, professoressa. Conosco mia figlia. Mi dispiace... È anche colpa mia, sa. Per lavoro abbiamo dovuto viaggiare molto; da quando ha sei anni Giulietta ha cambiato nove scuole e nove città. Capisce che per lei è stato molto difficile."

"Lei... lei ha parlato... parla con Giulietta di questo?"

"Certo... io e Giulietta siamo amiche. O almeno credo. Abbiamo parlato tante volte ma... non so... io penso, spero che questo problema si risolverà così... naturalmente."

L'insegnante sorride:

"Sì, spesso le cose vanno da sole, vero? Speriamo anche in questo caso."

La sera a casa Giulietta e la mamma parlano del colloquio con l'insegnante.

"Ti ha detto le solite cose, vero mamma?" domanda Giulietta.

"Sì, ma ha detto che scrivi molto bene, come una scrittrice e che..."

"... e che sono introversa e antipatica."

"No, non parlare così, Giulietta! La tua insegnante ti stima molto, invece. Dice solo che dovresti essere un po' più..."

"... aperta con gli altri" completa di nuovo Giulietta.

"Già... più aperta. Io le ho detto che hai cambiato scuola tante volte e che anche per questo sei così e poi...."

"Poi..."

"Poi... poi c'è una cosa, che non c'entra con la tua insegnante, cioè c'entra ma non direttamente."

Giulietta la guarda incuriosita:

"Dimmi!"

"Voglio prometterti una cosa, Giulietta, una cosa importante..."

Giulietta è sorpresa dal tono serio della madre:

"Cosa mamma?"

"Ti prometto che questa è l'ultima scuola e l'ultima città."

"Vuoi dire che vivremo per sempre a Milano?"

"Sì, voglio dire questo. Non sei contenta?"

No, Giulietta non è particolarmente contenta perché Milano non le piace molto. Ma non dice niente a sua madre. Non vuole darle un dispiacere.

4
Un pomeriggio di sole

Giulietta trascorre i pomeriggi da sola, perlopiù in casa. La sua camera è grande e bella. Le pareti sono dipinte di azzurro. È il colore che preferisce, il colore delle sue pietre più belle. Giulietta è innamorata delle pietre. Niente al mondo è per lei così affascinante come le pietre.

Come ha scritto sul suo diario:

Le pietre sono tra le cose più semplici della terra, se ne trovano ovunque, non costano nulla. La gente non vi presta attenzione, le considera insignificanti, ma in realtà ognuna di esse ha una sua bellezza.

Giulietta colleziona pietre; ne ha due mobili pieni, di tutte le forme e di tutti i colori. Ce ne sono di ovali, tonde, quadrate, lisce, di un solo colore, di tanti colori e lei le conosce tutte. Una a una le ha classificate e studiate.

Quando finisce la scuola, vorrebbe fare proprio questo: studiare le pietre o imparare a studiarle. All'università può frequentare una facoltà chiamata "geologia" che si occupa proprio di questo. È vero che è brava a scrivere e che le piace molto, ma pensa di poter fare una cosa e l'altra; perché Giulietta si sente goffa e impacciata con gli altri, ma di per sé è piena di energia…

Quel pomeriggio di marzo splende il sole a Milano e c'è una bella arietta. Tutto, anche i palazzi marroni e le strade grigie sembrano più belli.

"Sono qui da quasi tre mesi ed è la prima volta che c'è un tempo così bello…" si dice Giulietta.

Di ritorno da scuola si prepara da mangiare: un bel piatto di spaghetti con il sugo che la mamma ha fatto la sera prima.

Adesso sono le due e mezza.

"Odio quest'ora" pensa Giulietta. "Sono troppo stanca per fare qualcosa e troppo sveglia per dormire."

La mamma la chiama dal teatro:

"Tutto bene? Hai mangiato? Cosa fai questo pomeriggio? Hai tanto da studiare?"

"No, non tanto. Dovrei scrivere un commento su un racconto di Tolstoj. Mi metto a letto e leggo..."

"Giulietta!" La rimprovera la mamma. "Non stare in casa anche oggi... Guarda che bel tempo! Esci..."

Giulietta risponde: "Va bene" ma poi va in salotto e accende la televisione.

"Accidenti a quest'ora non c'è proprio niente d'interessante..." si dice.

Si alza e va in cucina. Prende un grosso barattolo di gelato dal freezer. Torna davanti alla televisione e mangia dal barattolo. Due minuti. Poi di nuovo in piedi. Riporta il gelato nel freezer.

"Così divento grassa come un porco" pensa, "adesso esco. Per una volta faccio quello che dice la mamma."

Sono quasi le quattro e in strada c'è molta gente: donne e bambini soprattutto, ma anche ragazzi e ragazze. Alcuni in coppia, altri in gruppo, qualcuno da solo.

Giulietta mette le scarpe da ginnastica e la giacca.

Prima di uscire dà un'occhiata allo specchio che è appeso nel corridoio. È uno di quegli specchi che fanno più magri e belli, ma non abbastanza per Giulietta che si guarda e dice, come ogni giorno: "Sono orribile."

Giulietta cammina lentamente. Ogni tanto si ferma a guardare la vetrina di qualche negozio; evita solo i negozi di abbigliamento dove sono esposti gonne, giacche e pantaloni.

"Tanto mi sta male tutto" si dice.

Giulietta cammina e cammina per la città, sola con i suoi pensieri.

Milano è la prima grande città italiana in cui ha mai abitato. Tutte le altre erano città di provincia[9], o piccoli paesi dove tutti si conoscono.

"È proprio bello potersene andare in giro così. Nessuno da salu-

---

[9] *città di provincia:* piccolo centro, rispetto alle grandi città.

tare, nessuno a cui sorridere... Forse Milano non è così male!"

Mentre attraversa la strada, vede che dall'altra parte il traffico è fermo.

"Ahi, ahi... un incidente!" pensa. C'è molta gente e un'ambulanza. Ma Giulietta non è curiosa; continua a camminare. Vede però con la coda dell'occhio[10] una massa di capelli rossi.

"Ma io quei capelli li ho già visti..." si dice. E in effetti sono capelli che si ricordano: lunghi, ricci, molto belli.

Giulietta si ferma e si avvicina. C'è una ragazza seduta sulla strada. Tiene una mano sulla bicicletta e l'altra sul ginocchio sporco di sangue. Davanti a lei un uomo vestito di bianco, probabilmente l'infermiere dell'ambulanza, le sta chiedendo:

"Allora signorina, mi dice come si sente?"

"Gliel'ho già detto" risponde lei," sto bene. Non ho bisogno di niente..."

L'infermiere sta per dire qualcosa, quando Giulietta interviene:

"Fabia... Fabia... cosa è successo?"

La ragazza la guarda. Non la riconosce, si vede che il suo cervello sta lavorando:

"Chi è mai questa? Perché sa il mio nome?"

Improvvisamente esclama:

"Giulietta... Giulietta De Mari!"

E poi dice all'infermiere:

"Questa è una mia compagna di classe... vede... lei mi può accompagnare a casa..."

"Ma... i genitori... la famiglia... deve..."

Fabia lo interrompe di nuovo:

"Non si preoccupi. Adesso mi accompagna la mia amica. Le ho detto che sto bene..."

Si alza; appoggia una mano sulle spalle di Giulietta, mentre con l'altra mano trascina la bicicletta e si allontana.

---

[10] *coda dell'occhio:* di sfuggita.

5
Fabia

Fabia è una compagna di classe di Giulietta, la più bella, la più elegante, la più ricca e la più... snob, forse non solo della classe, ma addirittura della scuola. Fabia è esperta di tutte le cose di marca[11] che esistono sul mercato nazionale (e forse anche internazionale): abiti, borse e borsette, cappelli e guanti, cinture e calze. Sa dove si comprano, quanto costano, cosa è più chic e cosa lo è meno. E lei stessa si veste molto bene.

Di cosa parla Fabia? Quasi sempre di moda; qualche volta, all'uscita da scuola, anche di ragazzi e di feste.

Giulietta e Fabia si sono rivolte la parola forse due volte da quando Giulietta frequenta questa scuola. Una volta durante un lavoro di gruppo per l'ora di storia dell'arte. Nel gruppo c'erano: Giulietta, Paola, Fabia e un ragazzo di nome Enrico.

Fabia, che non ha mai voglia di fare niente, ha chiacchierato tutto il tempo con Enrico, che, come quasi tutti i ragazzi della classe, è innamorato di lei. Intanto Giulietta e Paola hanno svolto tutto il lavoro; erano un po' arrabbiate, ma non hanno detto niente.

L'altra volta è stata durante l'intervallo.

Fabia è andata al banco di Giulietta e le ha detto:

"Ho saputo che la tua mamma è un'attrice famosa. È vero che avete abitato a Londra?"

"Sì, per qualche mese" ha risposto Giulietta.

"A Londra conosci un grande magazzino che si chiama 'Harrod's'?"

Giulietta è diventata tutta rossa, non sa neppure lei il perché e ha risposto:

"No, sì... forse... io ci sono stata così poco in quella città... in effetti l'ho sentito, ma no... non saprei dirti..."

Fabia non l'ha neppure lasciata finire; le ha voltato le spalle e se ne è andata senza neanche dire "beh".

Perciò, a Giulietta, Fabia non è proprio simpatica; la trova arrogante, vanitosa e sciocca. Ma la invidia anche: è bella, tutti i ragazzi

---

[11] *di marca:* qui si intende di stilisti o di aziende famosi.

vanno matti per lei, è popolare tra le ragazze, è sempre sicura di sé.
Diverse volte ha pensato:

"Deve essere meraviglioso essere come Fabia... entrare in classe
e sentire su di sé gli sguardi della gente che pensa "quanto è carina!"
e questo sempre, ogni giorno della tua vita... Sì, deve proprio essere
una sensazione meravigliosa..."

In quanto a Fabia, non ha mai badato a Giulietta.

Sa solo che è figlia di una bella e famosa attrice, ma che lei stessa
è bruttina, goffa e timidissima, con una sola qualità: è brava in italiano.

Ma adesso l'ha aiutata ad uscire da un bell'impiccio[12].

"Vedi Giulietta – dice mentre camminano – io non potevo andare
in ospedale. Perché sai cosa succede?"

Giulietta fa di no con la testa.

"Dall'ospedale avvertono mio padre. Mio padre viene a pren-
dermi e si arrabbia. Lui non vuole che io vada in giro in bicicletta.
Dice che a Milano è troppo pericoloso."

"Beh in effetti..." commenta Giulietta.

"Eh no, accidentaccio[13]" replica Fabia. "Non si può stare sempre
chiusi in casa, solo perché si abita in una grande città! Uno diventa
nevrotico, accidentaccio..."

"E tuo padre adesso che ti vede... cosa...?"

"Eh già. A casa mio padre non c'è, ma c'è la Piera. La Piera è la
donna che sta da noi; fa i mestieri, cucina eccetera, eccetera. Ma,
accidentaccio, quella fa la spia[14]. Lo so..."

Guarda Giulietta fisso, poi continua:

"Abiti lontano?".

"Così così..." Giulietta si guarda intorno. "Adesso non so neanche
dove siamo."

Fabia le domanda spazientita:

" Ti ricordi il nome della via?"

" Via degli Ottomani..."

"Oh, sì, qui vicino, allora!" esclama Fabia contenta. E poi con voce
gentile:

"Cosa dici se andiamo da te, un attimo... a medicarmi...?"

---

[12] *impiccio:* guaio.
[13] *accidentaccio:* esclamazione.
[14] *fa la spia:* si dice di chi riferisce cose per cui altri possono subire punizioni.

Giulietta esita. Ma lei insiste:

"Sai con questa ferita non so se ce la faccio fino a casa..."

Giulietta non dice né sì né no. Per Fabia il suo silenzio è un sì.

"Grazie – dice – grazie tantissime."

Prendono l'autobus che Fabia ha individuato per andare a casa di Giulietta. Via degli Ottomani Fabia la conosce bene, perché lì c'è una boutique "incantevole" dove vendono delle borse "deliziose". Giulietta naturalmente non l'ha mai vista e, se l'ha vista, non ci ha proprio badato.

Mentre salgono le scale per andare all'appartamento, pensa:

"È la prima volta che qualcuno viene a casa mia... Non è mai successo."

Ma poi ricorda: no, non proprio mai.

Una volta in effetti era successo; tanto tanto tempo prima quando lei aveva nove anni. Per il suo compleanno aveva fatto una piccola festa. Allora abitava in una cittadina della Toscana[15]. Erano venute diverse sue compagne di classe. Le avevano portato qualche regalo insignificante poi avevano giocato con i suoi giochi, avevano parlato e scherzato tra di loro, ma non avevano degnato Giulietta neppure di uno sguardo[16]. E lei era stata tutto il tempo in un angolo; troppo orgogliosa per chiedere di farla partecipare ai loro giochi, troppo timida per cacciarle via.

Poi se ne erano andate senza salutarla.

La mamma non aveva notato niente; era stata tutto il tempo in cucina "per non disturbare". Quando le compagne erano andate via, lei le aveva chiesto con il suo solito dolce sorriso:

"Allora, mia cara, com'è andata?"

Giulietta aveva pianto, mai aveva pianto così tanto nella sua vita. E aveva pianto ancora di sera, di notte e la mattina dopo. Una domanda la tormentava:

"Perché tutti mi odiano? Perché sono così antipatica? Perché sono così?"

Aveva smesso di piangere, ma aveva fatto una promessa a se stessa:

---

[15] *Toscana:* regione del centro Italia famosa per le città d'arte (Firenze, Pisa, Siena, ecc.).

[16] *degnata di uno sguardo:* non le hanno neppure rivolto uno sguardo; non le hanno prestato la minima attenzione.

"Mai, mai più inviterò qualcuno a casa. Meglio stare sola che essere così umiliata."

Questa è la prima eccezione dopo tanti anni: Fabia... una ragazza che non le piace neppure!

"Questo è un caso particolare... – si dice Giulietta – Fabia ha un problema e mi chiede di aiutarla. Appena medicata, se ne torna a casa e si dimentica di me. Niente di più sicuro!"

6
A casa di Giulietta

"Non c'è nessuno?" domanda Fabia, quando vede che Giulietta apre la porta con le sue chiavi.

"No, la mia mamma lavora in teatro spesso fino a tardi..."

"Ah già è vero... fa l'attrice. Lavora anche per il cinema, la tua mamma?"

"So che adesso ha una parte in un film per la televisione e forse un'offerta anche dagli Stati Uniti..."

"Da Hollywood, vuoi dire?"

"Sì..."

"Accidentaccio... che bello...!" Poi, dopo qualche secondo di riflessione, aggiunge:

"Chissà che bei vestiti...!"

Giulietta va in bagno a prendere la valigetta del pronto soccorso. Sua madre le ha fatto vedere diverse volte come usarla. ("Non si sa mai... se quando sei da sola, ti fai male o cadi... o qualcosa del genere").

Fabia si siede per terra sul bel parquet[17] marrone della camera di Giulietta. I jeans hanno un grosso buco sul ginocchio e sono sporchi di sangue.

"Dovresti toglierli..." dice Giulietta.

"E poi? Cosa metto?"

"Qualcosa di mio... ne ho diversi di pantaloni!"

Fabia arriccia il naso[18], ma non dice niente. Toglie i pantaloni e

---

[17] *parquet:* pavimento a listelli di legno.
[18] *arriccia il naso:* in segno di disgusto.

Giulietta le medica la ferita. Fabia riprende in mano i suoi jeans e li guarda.

"Accidentaccio, guarda che roba! Non posso proprio andare in giro con 'sti cosi... hai ragione..."

"Non vuoi mettere i miei pantaloni, vero?" chiede Giulietta." Sono troppo orribili forse..."

Fabia guarda Giulietta, sorpresa. È stupita dal suo tono di voce. Non sembra arrabbiata.

"Non voglio dire questo..." risponde Fabia. "Dai! Fammeli vedere..."

Giulietta apre l'armadio. Vi sono appesi dei pantaloni, tre camicie, un giaccone e un giubbotto.

"È tutto qui?" domanda Fabia sorpresa.

Giulietta annuisce:

"A me i vestiti stanno tutti male..." afferma con semplicità.

Fabia protesta:

"No, non può essere. I vestiti stanno bene a tutti. Cioè: ad ognuno sta bene un certo tipo di vestito!"

Giulietta scuote la testa e dice con tono deciso:

"Parli così perché tu sei bella e magra. Io invece... io invece... sono grassa e brutta e a me tutto sta male."

Fabia la guarda dritta in faccia. Non è abituata a guardare proprio in faccia la gente e neanche a parlare così come sta per parlare a Giulietta. Ma quella ragazza le parla in modo tanto diretto e sincero, che le viene naturale farlo anche lei:

"Non sei brutta. Per niente. Certo... hai una pettinatura terrificante[19], accidentaccio."

Le si avvicina e le prende una ciocca di capelli tra le mani:

"I tuoi capelli sono morbidi, ma perché li porti così tutti in faccia? E poi guarda... sono tutti storti... chi te li hai tagliati?"

"Io odio i miei capelli. Spesso... me li taglio io..."

"E poi... – continua Fabia e la osserva tanto attentamente da farla diventare rossa come un peperone – non sei grassa. Sei un po' robusta... ma non grassa. E con i vestiti anche questo si può coprire."

Giulietta non risponde.

"Non mi credi, vero? E allora, ecco... come dice sempre mio

---

[19] *terrificante:* terribile, orribile.

padre: "scommettiamo[20]!"

"Come 'scommettiamo'?" replica Giulietta stupita.

"Scommettiamo che io, entro due, tre settimane, anzi facciamo un mese, ti trasformo in un'altra persona con nuovi vestiti e una nuova pettinatura ? Se non ci riesco, tu potrai chiedermi... ciò che vuoi. Ma se ci riesco, allora..."

"Allora...?"

"Allora...?" Fabia non sa cosa richiedere da quella ragazza.

Lei ha tutto: cosa le può dare una come Giulietta? Ma certo! Qualcosa le può dare: un aiuto a scuola! Giulietta è molto brava in italiano e in scienze.

"Allora... – continua – prometti di scrivermi i temi che la prof.[21] dà da fare a casa e a cui mette il voto. E di aiutarmi nelle materie in cui... sei brava, non sempre, quando ne ho bisogno, magari prima delle interrogazioni[22]..."

Giulietta esita.

Fabia invece è decisa e pensa:

"Le scelgo i vestiti, la porto da Hugo, il mio parrucchiere, la rifaccio tutta... un po' come giocare alle bambole."

E poi a Giulietta:

"Andiamo, signorina De Mari... che cosa hai da perdere, accidentaccio?"

Giulietta dice tra sé e sé:

"Già... che cosa ho da perdere? Niente." E poi ad alta voce:

"Va bene Fabia. Accetto la scommessa..."

Giulietta quella notte dorme male. Continua a sognare lo stesso sogno: Fabia le dà un paio di pantaloni. Lei riesce ad infilarci una gamba, ma l'altra rimane bloccata. Non sale dalla coscia perché è troppo grossa. E Fabia ride e ride e anche le altre persone che sono lì con lei, tutt'intorno a Giulietta, ridono e ridono.

Si sveglia di mattina che è più stanca di quando è andata a letto; e si sente terribilmente triste.

---

[20] "scommettiamo": dal verbo scommettere che significa fare una previsione o un'affermazione, impegnandosi reciprocamente a soddisfare un dato impegno.

[21] la prof.: sta per professoressa (insegnante). Parola usata da molti allievi e studenti.

[22] interrogazioni: prove, test orali.

7
A casa di Fabia

La casa di Fabia si trova nel centro di Milano. È un appartamento molto grande di almeno venti camere con un corridoio lungo lungo. Su questo si affacciano tante porte, una dietro l'altra. La mamma ha accompagnato Giulietta in macchina; poi è andata a teatro.
"Sono molto contenta che tu vada a trovare un'amica" dice.
"Non è un'amica" fa notare Giulietta.
La mamma non dice più niente, ma pensa:
"Quanto è strana mia figlia!"
Le apre la porta una signora; ha i capelli grigi e un grembiule[23] bianco.
"Questa deve essere la signora Piera..." pensa Giulietta.
"Buon giorno" dice a Piera. "Io sono Giul..."
Ma è interrotta da Fabia che la prende per la mano e la porta nella sua camera. Da una porta sbuca un ragazzo che grida:
"Ehilà *babies*..."
"Questo è mio fratello" dice Fabia. "È un pazzo."
"È molto carino" pensa Giulietta.
Federico è un ragazzo alto e piuttosto magro; ha i capelli di color castano scuro e gli occhi chiari come quelli della sorella.
Fabia dice:
"Mio fratello si chiama Federico. Lei è Giulietta."
Giulietta arrossisce tutta e non risponde. Federico si rivolge di nuovo alla sorella:
"Cosa fate?"
E Fabia:
"Non sono fatti tuoi. "
Lui non risponde niente, gira su se stesso e se ne va. Giulietta pensa:
"Fabia non è molto gentile con suo fratello..."
Lei sembra leggerle nel pensiero perché dice:
"Quando lui invita i suoi amici, io non posso mai stare con loro... e devi sentire come mi tratta: "Fabia vieni qui", "Fabia vai là". Vuole far vedere di essere il 'maschio' della casa..."

---

[23] *grembiule:* indumento che si indossa sopra agli abiti per proteggerli.

La camera di Fabia è molto grande. Ci sono tanti poster appesi alle pareti; foto di attori e cantanti famosi. Ma Giulietta conosce pochi di essi. Lei si interessa poco di musica e di film, almeno non di quelli moderni. A Giulietta piacciono la musica classica, che ha sentito tanto fin da bambina perché sua madre ne è appassionata, e i film in bianco e nero soprattutto quelli americani degli anni '40 e '50.

Nella camera di Fabia non ci sono libri; soltanto quelli di scuola. Fabia non legge molto se non riviste e giornali di moda.

"Ma... non c'è l'armadio!" nota Giulietta guardandosi attorno.

"I vestiti sono di là..." Fabia indica un'altra stanza.

"Ohhh... – esclama Giulietta – Ma è una stanza-armadio!"

A bocca aperta contempla lo stanzino: lì appesi ci sono almeno cinquanta abiti, giacche, giacchette, camicie, magliette, e poi ancora i cassetti sono pieni di calze e calzine, foulard, cappelli e sciarpe.

"Accidenti... è pazzesco!" esclama Giulietta.

Fabia sorride orgogliosa.

"Adesso scegliamo quelli che ti stanno meglio."

"Ma... è impossibile! – commenta Giulietta – Se stanno a te non possono stare a me..."

Ma Fabia non risponde e per mezz'ora non fa che tirar fuori dall'armadio camicette, gonne e pantaloni. Giulietta li prova e in effetti sono tutti troppo stretti: solo una camicia con il colletto[24] da uomo le va bene. Ma l'amica dice:

"No, accidentaccio, no. Questo non è il tuo stile!"

Dopo mezz'ora Giulietta non ne può davvero più[25]:

"Che senso ha provare tutte queste cose – chiede esasperata – se non posso portarle? Non vedi che ho una taglia o anche due di troppo?"

"Lo so, lo vedo, ma quello che sto cercando di vedere è qual è il tuo stile."

"Ancora questo stile..." dice Giulietta tra sé e sé e poi ad alta voce domanda:

"Cosa intendi per 'stile'?"

---

[24] *colletto:* particolare della camicia o dell'abito, fissato intorno al collo.

[25] *non ne può davvero più:* non lo sopporta più.

[26] *merenda:* spuntino nel pomeriggio, proprio dei ragazzi.

"Voglio semplicemente dire – replica Fabia impaziente – quale tipo di vestito ti sta bene, quale si adatta alla tua... personalità!"

Le due ragazze sono interrotte dalla voce della signora Piera che grida dalla cucina:

"Ragazze, volete fare merenda[26]?"

Fabia e Giulietta vanno in cucina; qui c'è anche il fratello di Fabia, che, seduto al tavolo, mangia una gigantesca fetta di pane e nutella[27].

La signora Piera ha preparato il thé, delle paste alle mandorle e dei biscottini alla marmellata. Fabia e Giulietta si siedono.

"Mangia solo un biscotto e mezza pasta!" dice Fabia.

"Oh poveretta... vuoi far entrare anche lei nel circolo della affamate?" dice il fratello tra un boccone e l'altro.

A Giulietta le paste alle mandorle piacciono da matti e anche i biscottini, ma segue il consiglio di Fabia e mangia soltanto un biscotto.

"Cosa state facendo con i vestiti nel guardaroba?" chiede ancora il fratello.

"Ho fatto provare degli abiti a Giulietta..." risponde Fabia.

"Che bei divertimenti!" commenta Federico. E poi aggiunge sottovoce, ma in modo che sentano: "Femmine senza cervello..."

Fabia non risponde niente; a Giulietta invece viene da ridere.

"Ha ragione" pensa.

8
L'amicizia tradita

Fabia le dà appuntamento per il giovedì successivo.

"Andiamo a fare un po' di shopping insieme. Devi soltanto chiedere i soldi a tua madre."

Quando la mamma torna di sera, Giulietta gliene parla subito.

"Sì certo, Giulietta, quanto hai bisogno?"

La mamma è veramente sorpresa.

"Cosa succede? – pensa – Giulietta non spende mai niente. Le uniche cose che compra sono i sassi." Ma non dice niente, perché non vuole fare la curiosa.

---

[27] *nutella:* crema di cioccolato alle nocciole.

Il giorno dopo a scuola Giulietta va a scuola con uno spirito diverso dal solito: è quasi contenta. Ha voglia di vedere Fabia, di parlare con lei, di mostrare agli altri che anche lei ha un'amica o una specie di amica.

All'intervallo le si avvicina per parlarle. Ma lei non la guarda neanche, chiede con tono indifferente: "Come va?" e, senza aspettare la risposta, se ne va in corridoio seguita dal suo solito gruppo di amiche.

A Giulietta cade il mondo addosso[28].

Fabia la ignora, come l'ha sempre ignorata.

Si risiede al suo posto, con tanta voglia di piangere.

"Carogna[29]... carogna... carogna..." mormora tra sé e sé. Ancora una volta è stata tradita, come alla scuola elementare dalle compagne di classe e a casa da suo padre, che ha abbandonato lei e la mamma.

"È possibile che nessuno riesca a volermi bene, almeno un poco? Sono dunque così antipatica, così... così orribile?" si domanda, delusa ed arrabbiata. Le lacrime le stanno nella gola e sembrano soffocarla, ma non vuole piangere; non vuole mostrare a nessuno le sue debolezze...

Passa così tutta la mattina.

All'uscita però succede una cosa: incontra il fratello di Fabia. Lui frequenta l'ultimo anno di liceo. Ogni tanto aspetta la sorella all'uscita, per tornare insieme a casa. Anche se sta chiacchierando con un amico, la saluta con il suo solito "ehilà" e con un bel sorriso.

Paola, che in quel momento sta accanto a Giulietta, sospira tutta ammirata:

"Ah, conosci quel carinissimo di Federico Guarenti... Quanto è bello! E deve essere anche molto intelligente. Così dicono almeno..."

Giulietta si sente subito meglio. Dunque non è stata esclusa dalla famiglia; non ha fatto qualcosa di sbagliato. Federico la riconosce. Forse a lui non è così antipatica!

"Sono stata troppo affrettata" si dice Giulietta. " Il mondo non è fatto in bianco o in nero, ha ragione la mamma... non devo lasciarmi trasportare dai sentimenti del momento!"

---

[28] *le cade il mondo addosso:* è disperata perché la nuova visione del mondo e della realtà che si era costruita viene distrutta dal comportamento di Fabia.

[29] *carogna:* si dice di una persona cattiva, perfida.

9
Shopping con Fabia

L'appuntamento è in centro davanti ad un grande magazzino.
Fabia non c'è. Alle quattro e un quarto ancora non arriva.
"Alle quattro e venticinque me ne vado..." si promette Giulietta,
seccata e delusa.
Ma eccola alle quattro e ventitré arrivare tranquilla tranquilla!
Nessuna parola di scusa; a malapena la saluta. Dice soltanto:
"Andiamo!"
Sembra arrabbiata. Ma non può esserlo con Giulietta. Lei non le
ha fatto niente!
"Andiamo nel reparto abbigliamento giovani... È al primo piano."
Solo una volta lì, Giulietta la vede sorridere:
"Ci sono delle belle cose, accidentaccio, sono veramente deli-
ziose..."
Fabia usa tanto parole come "delizioso", "squisito", "incantevole";
Giulietta le trova di per sé ridicole, ma in bocca a lei suonano quasi
naturali.
Dagli appendiabiti Fabia prende vestiti, camicie e gonne. Giulietta
le sta accanto. Lei di tanto in tanto le lancia un'occhiata; a volte la fa
girare su se stessa, le mette l'indumento sopra al corpo; a volte
scuote la testa, altre volte sorride soddisfatta. Infine dice:
"Adesso andiamo a provarli in camerino..."
Giulietta è stanca e sudata – in quel posto c'è un caldo terribile! –
ma fa quello che Fabia le chiede.
"In fondo è per me...." si dice.

Sono le sei quando escono dal grande magazzino. Giulietta tiene
in mano un sacchetto enorme e Fabia un altro. Hanno comprato due
vestiti, due camicie, una gonna e un pantalone.
"Di scarpe abbiamo lo stesso numero e quindi puoi prendere uno
o due paia delle mie. Io ne ho così tante!" dice Fabia.
Giulietta vorrebbe tornare a casa. La sua mamma viene presto a
cena oggi.
Di sera mangia sempre con sua madre, anche se spesso arriva
tardi. Conversano di tutto quello che è accaduto durante la giornata;
parla soprattutto la mamma, che ha di più da raccontare... sul teatro,

sui pezzi teatrali nei quali recita, sui suoi colleghi, sui registi, sui gior-nalisti. Giulietta vive una vita meno intensa, naturalmente, ma anche lei ha tante cose da raccontare: ciò che ha fatto a scuola, che ha letto o scoperto in Internet o delle sue pietre.

"La mamma torna e non mi trova…" pensa Giulietta. Sta per dire all'amica che vorrebbe andare a casa, ma poi pensa:

"No, non è giusto. Fabia ha tenuto tutto il pomeriggio libero per me. Vado con lei, per una volta la mamma può aspettare! E poi… chissà se a casa di Fabia c'è anche il magnifico fratello?"

Ma Federico non c'è! Va invece ad aprire la signora Piera.

"Mangiamo alle sette e mezzo, Piera…" dice Fabia. "Ho una fame tremenda…"

"Se torna anche Federico, va benissimo." risponde la donna.

Giulietta non è curiosa, ma la domanda le viene alle labbra:

"E i tuoi genitori? Non ci sono mai?"

Lei risponde indifferente:

"Ah, il papà sta tutto il giorno in ufficio e la mamma lavora nella moda. Anche lei è sempre in ufficio."

E mentre Giulietta si spoglia per provare i nuovi vestiti, l'amica aggiunge:

"Meglio così, sai… i genitori sono una grande seccatura[30]! Quando ci sono, non fanno altro che dirti "fai questo, fai quello, fai quell'al-tro…", sì, accidentaccio, una vera seccatura!"

Giulietta non pensa che sua madre sia una seccatura, ma non dice niente. Poi prova tutti gli abiti.

"Mi sembrano un po' stretti" dice.

"Non ti preoccupare – replica Fabia – Questo è un problema che risolviamo!"

Giulietta guarda l'orologio:

"Ehi!" esclama. "Sono le sette. Devo veramente andare…".

Prima di andare via, Fabia le dà dei fogli:

"Da domani cerca di seguire questa dieta."

Giulietta guarda il foglio. C'è scritto: come perdere dai quattro ai sei chili.

"È una dieta prescritta dal medico, non inventata da me… – dice Fabia – Niente di terribile: devi mangiare solo un po' meno, control-

---

[30] *seccatura:* noia, fastidio.

lare quello che mangi. In meno di un mese dovresti perdere almeno un quattro chili…"

Alla porta Giulietta incrocia Federico che sta entrando. Quando vede Giulietta, le sorride. E Giulietta sente come una piccola morsa[31] allo stomaco.

Sulla strada per casa non fa che ripetersi "mi ha sorriso, mi ha sorriso". Sa che questo non significa niente, ciononostante si sente felice.

10
Primi passi

Sulla strada per casa Giulietta pensa alla dieta.

"Non ho mai seguito una dieta – si dice – ma non deve essere così difficile. Ho deciso: la faccio! Comincio da stasera, accidentaccio…" e ride perché ha detto la parola preferita di Fabia.

Giulietta pensa anche a Federico:

"Forse forse, quando e se sono più magra e più carina, posso… potrei…"

Ma poi scaccia questi pensieri:

"Non ti devi fare illusioni, Giulietta. Non pensare a Federico! È bello, intelligente, popolare. Perché dovrebbe scegliere proprio te?"

Giulietta, diversamente dalla maggior parte delle ragazze della sua età, non ha mai avuto un corteggiatore[32]; non ha mai neppure guardato i ragazzi fino a quel momento. Ha sempre pensato:

"È impossibile che io, con questo mio corpo goffo e brutto, possa piacere a qualcuno."

Quando arriva a casa, c'è la mamma. La aspetta:

"Finalmente! Allora, andiamo al ristorante?"

Giulietta le mostra timidamente il foglio che le ha dato Fabia.

"È una dieta!" esclama stupita la mamma. "Vuoi fare una dieta. Bene. Mi sembra una decisione piuttosto 'saggia'. Ma questa dieta… è di… Fabia?"

"E sì… – risponde Giulietta – L'ha data a Fabia il suo dottore."

---

[31] *morsa:* stretta. Qui è un segno di emozione.
[32] *corteggiatore:* da "fare la corte", ovvero fare complimenti, dimostrare a una ragazza/donna che si nutre interesse per lei.

"Bene bene... L'importante è che segui tutto ciò che è scritto; e che non esageri." le dice.

"Allora questa sera non andiamo fuori a mangiare... Cosa dici mamma?"

"OK, come vuoi – risponde la mamma, non molto contenta di questa decisione, perché a lei piace andare al ristorante e odia cucinare.

Invece che al ristorante vanno insieme al supermercato a comprare gli alimenti indicati sulla dieta: insalata, pomodori, petti di tacchino e di pollo, pesce, una grande quantità di verdura. Niente gelati, dolci e dolcetti...

"Povera me!" esclama Giulietta.

La mamma sorride:

"Vedrai Giulietta... non è così difficile. Anch'io ho fatto diete nella mia vita. È solo questione di volontà."

Se è per quello, Giulietta ne ha, eccome se ne ha!

L'appuntamento con Fabia è il venerdì della settimana successiva dal parrucchiere.

"Intanto tu pensa a dimagrire..." le dice Fabia durante l'intervallo avvicinandosi velocemente al banco di Giulietta. Lei sta mangiando una mela (al posto del solito dolcetto) e non ha neppure il tempo di rispondere che già Fabia è dalle sue amiche.

"Non vuole farsi vedere con me" pensa Giulietta.

Ma non le importa, non le importa più, perché è sicura che, con il tempo, la situazione cambierà.

Ogni volta che entra ed esce da scuola, cerca con gli occhi Federico. Ma lo vede soltanto un paio di volte insieme ad un amico o con una ragazza – sempre diversa.

Così di sera sulla cyclette della mamma, che ora fa regolarmente per mezz'ora, si sente triste e si dice:

"Non posso piacergli... non potrò mai piacergli..."

Dal parrucchiere Fabia viene con due compagne di classe, Lucilla e Maria. Giulietta è delusa:

"Parlerà tutto il tempo con loro..." pensa.

Ed è così; tuttavia per Giulietta sarebbe impossibile parlare. I suoi capelli sono sottoposti ad un trattamento intensivo. Il parrucchiere lava, massaggia, taglia, cosparge[33] i capelli di liquidi strani, lava di nuovo e poi pettina.

Dopo ben due ore, quella che esce dal negozio non sembra più lei, la vecchia Giulietta: i capelli le arrivano alle spalle e hanno lo stesso colore di sempre, ma più brillante e intenso e le lasciano scoperto il viso, che ha una luce nuova.

Persino Fabia rimane a bocca aperta[34]:

"Stai benissimo... accidentaccio..." commenta.

Giulietta passa la sera a guardarsi allo specchio. Si tocca con le dita le guance, le labbra, il naso. Non le sembrano i suoi. La pettinatura l'ha trasformata, forse anche perché è già un poco dimagrita e il viso è cambiato.

Ora Giulietta si vede diversa e forse sì... quasi carina.

11
La metamorfosi

Quella notte Giulietta dorme male. Le sale la febbre e ha sogni che si ripetono continuamente. Sogna Fabia e Federico. Lei sta davanti a loro vestita con gli abiti che le ha comprato Fabia, con un nuovo corpo, bello e magro e i capelli lucenti. Federico la guarda con gli occhi che diventano grandi sempre più grandi e che brillano di amore per lei.

Fabia le sorride, le sussurra all'orecchio: "Hai visto... hai visto?" e la prende per mano come fa soltanto con le sue migliori amiche.

Improvvisamente Giulietta si sveglia; è completamente sudata e tossisce.

"Accidentaccio – si dice – sono malata."

Così Giulietta rimane a casa per più di una settimana. Vorrebbe continuare la dieta, anche se sua mamma non è d'accordo:

"Hai l'influenza e sei debole... devi mangiare!"

---

[33] *cosparge:* mette.
[34] *rimane a bocca aperta:* rimane stupita, sorpresa.

Ma lei si oppone:

"Mangio mangio – dice – ma non le cose che mangiavo prima!"
Ed è vero: Giulietta mangia quasi quanto prima, soltanto non dolci e dolcetti.

In quella settimana tre giorni rimane a letto e si annoia un po'. È troppo debole per alzarsi e le uniche cose che può fare sono guardare la televisione e le sue videocassette preferite con film in bianco e nero vecchi vecchissimi – come quelli con Humphrey Bogart e James Stewart – e leggere. In dieci giorni Giulietta legge quattro romanzi e vede nove film. Quando finalmente si può alzare, si dedica ai suoi sassi e al suo diario personale.

L'ultimo giorno di malattia, è una domenica pomeriggio, viene Fabia.

"Sei dimagrita, eh..." le dice appena la vede. "Stai molto bene. Adesso proviamo i vestiti...!"

Giulietta prende gli abiti: una maglietta corta con il collo un po' alto e un paio di pantaloni blu aderenti in alto e larghi in basso. Li indossa.

"Non guardarti ancora, non guardarti...!" avverte Fabia. "Aspetta... chiudi gli occhi..."

Giulietta sente che Fabia le passa qualcosa sugli occhi e sulle guance. E poi una cosa morbida sulle labbra.

"Ti sto truccando..." disse Fabia, "un trucco leggero leggero da brava signorina..."

E poi Giulietta sente che le mette qualcosa intorno al collo, una collana probabilmente.

"Questa è da parte mia... Si intona[35] al colore dei tuoi capelli."

Giulietta in piedi nella sua camera con gli occhi chiusi, si sente una sciocca. Sa che Fabia la sta osservando, ma adesso vorrebbe vedersi anche lei. Finalmente l'amica pronuncia le parole magiche:

"OK, Giulietta. Adesso..."

Giulietta apre gli occhi e si guarda nello specchio. E quella che vi vede riflessa non è più lei, non è più Giulietta, non è più un essere goffo e brutto dalle gambe grassocce e dai capelli color marrone, bensì una bella ragazza dal viso dolce, gli occhi grandi e la carna-

---

[35] *s'intona:* si adatta.

27

gione luminosa, dal corpo snello e slanciato, molto simile all'immagine che le è apparsa nel sogno che ha avuto prima della malattia.

"Non devo più nascondermi – si dice – né avere paura degli altri... Finalmente sono bella."

12
Il ritorno a scuola

Il giorno dopo Giulietta torna a scuola. È stata assente dieci giorni, ma sente che in quei giorni così tante cose sono cambiate in lei, che potrebbero essere nove mesi, nove anni... I suoi compagni di classe e gli insegnanti, i commessi e i segretari sono rimasti uguali; la metamorfosi è solo sua, di Giulietta.

E di questo si rende conto già mentre cammina per strada; nota infatti che alcuni ragazzi si voltano e la guardano, cosa che non è mai accaduta prima. Quando entra in classe, ha addosso gli occhi di tutti. Sente, mentre passa tra i banchi per andare al suo posto, un mormorio che suona come:

"Cosa ha fatto Giulietta?", "Che cosa le è successo? È irriconoscibile..."

Lei sta seduta al suo banco, sola e silenziosa come sempre, ma dentro felice, felice come non lo è mai stata. O forse quello che prova non è felicità, ma... trionfo. Deve essere trionfo quel sentimento che le si gonfia dentro, mentre la prof. di lettere la guarda con gli occhi spalancati e dà voce a ciò che è nella mente di tutti:

"Giulietta... che cambiamento!"

Ma Giulietta non è la sola a trionfare.

Nella classe un'altra persona è contenta, se non come lei, almeno quasi quanto lei. E questa persona è Fabia.

"Accidentaccio... – pensa – Non pensavo di poter fare... miracoli! Il brutto anatroccolo si è trasformato in un cigno[36]. E che cigno! Ora è veramente una bella ragazza!"

---

[36] *il brutto anatroccolo si è trasformato in un cigno:* si riferisce ad una famosa fiaba di H. C. Andersen dal titolo *Il brutto anatroccolo.*

Fabia è orgogliosa... non le accade spesso di realizzare qualcosa. Anzi in genere non combina proprio niente. È troppo pigra per studiare, troppo viziata per applicarsi, troppo incostante per avere degli interessi...

All'intervallo Fabia va al banco di Giulietta.

"Ah, non si vergogna più adesso di parlare con me..." pensa lei.

"Vieni con me in cortile?" la invita Fabia. Giulietta accompagna la ragazza.

"Ti sei truccata, eh..." osserva Fabia, non sapendo bene cosa dire.

"Sì" risponde Giulietta e poi, allarmata, aggiunge:

"Perché? C'è qualcosa che non va?"

"No, no, voglio solo..."

È interrotta dall'arrivo di Lucilla e Maria, le migliori amiche di Fabia.

Lei si mette a parlare con loro e Giulietta torna in classe.

All'uscita da scuola c'è Federico, che per poco non la riconosce.

"Ehi... ma sei un'altra!" esclama ammirato.

Giulietta si sente diventare rossa come un peperone e dalla sua bocca non riesce a far uscire una parola.

"Mia sorella ha fatto un gran bel lavoro..." aggiunge Federico.

Giulietta arrossisce ancora di più.

"Adesso che il lavoro è finito, spero di vederti lo stesso ancora a casa mia..." continua lui.

Giulietta di nuovo non sa cosa dire. Rimane lì in silenzio, mentre lui le sorride paziente.

"Beh, allora ciao..." le dice Federico.

Finalmente dalla bocca di Giulietta esce qualcosa come:

"Ciao... ci vediamo..."

13
Una nuova vita

Da quel giorno la vita di Giulietta non è più la stessa. Non più il banco isolato in fondo alla fila, il silenzio, i lunghi pomeriggi passati a casa a guardare le pietre e a scrivere il diario.

Ora in classe Giulietta è seduta vicino a Fabia. Come ha promesso, Giulietta la aiuta in italiano e in scienze e in generale nelle materie in cui può. Giulietta adesso parla ad alta voce in classe; se deve esprimere un'opinione, lo fa senza problemi (spesso con la sollecitazione dell'amica che le sussurra all'orecchio: "E dillo, dai... se lo sai dillo...!"). Giulietta è diventata più disinvolta e sicura, Fabia più studiosa e attenta.

E la prof. di lettere un giorno ha detto:
"Voi due vi influenzate positivamente a vicenda[37]..."

Giulietta adesso è amica di Fabia e ha conosciuto anche le sue amiche, soprattutto Maria e Lucilla.

In questa settimana di fine aprile ci sono dei giorni di vacanza per la Pasqua; le ragazze si incontrano e vanno tutte insieme diverse volte a fare shopping in centro. Una volta si trovano a casa di Fabia a fare una ricerca per la scuola su Internet.

All'inizio Maria e Lucilla sono molto fredde con Giulietta; poi, vedendo che Fabia ha per lei un autentico affetto che sembra rafforzarsi con il tempo invece che diminuire, diventano un po' più gentili.

Pure lei cerca di essere gentile con loro, anche se le trova sempre un po' arroganti e terribilmente pettegole. Parlano costantemente male dei loro compagni di classe. Spesso dicono cose molto sciocche.

"Guarda Paola!" dice un giorno Lucilla durante l'intervallo e la indica con un dito. "Che vestitino... Ma dove l'ha comprato? Al mercatino delle pulci[38]?"

Le altre due ridono; Giulietta non dice niente.

"È una vera poveretta questa Paola..." continua Lucilla. "Pensate un po'... sua madre fa la portinaia[39]!"

"Non è giusto..." sbotta Giulietta. "Non è giusto parlare così degli altri. Non tutti sono ricchi e possono permettersi cose costose. E poi... e poi... io trovo Paola molto simpatica."

---

[37] *a vicenda:* reciprocamente, l'un l'altra.

[38] *mercatino delle pulci: luogo* in cui si vendono oggetti di occasione di ogni genere, spesso vecchi o usati.

[39] *portinaia:* donna che tiene una portineria ovvero un locale posto all'ingresso di uno stabile. Svolge diverse mansioni come sorveglianza, ritiro della posta, ecc.

Si alza e va da lei. Fabia la segue.

Anche Fabia non è molto profonda e riflessiva ma si dimostra più sensibile, più dolce, insomma... più umana delle sue amiche.

Per diverso tempo Giulietta esce con tutt'e tre, ma un giorno succede qualcosa che le fa decidere di non uscire più con Fabia quando ci sono anche Maria e Lucilla.

Stanno camminando in Piazza Duomo. Alle ragazze piace passeggiare per il centro; non solo per i negozi, ma anche perché c'è tanta gente, tanta vita.

All'ingresso della metropolitana sta sempre seduto un mendicante. È un cieco; a lui Giulietta ogni volta dà degli spiccioli[40]. Anche quel giorno si ferma per mettergli nella mano cinquanta centesimi. Mentre le ragazze scendono le scale per prendere la metropolitana, Maria le chiede:

"Ma cosa fai? Dai soldi ai barboni[41]?"

"Non sai che facendo così diventeranno sempre di più?" aggiunge Lucilla.

"Noi la città piena di questi non la vogliamo..." continua Maria. Poi, rivolgendosi a Fabia, domanda: "Non è vero?"

Fabia fa sì con la testa e dice:

"Vero... accidentaccio, verissimo."

Giulietta non ribatte, ma quando Lucilla e Maria vanno a casa, domanda a Fabia:

"Pensi veramente che non bisogna dare soldi ai mendicanti?"

Lei la guarda stupita.

"Mendicanti? – chiede – Quali mendicanti?"

"Come... 'quali mendicanti'? Non hai sentito cosa hanno detto Maria e Lucilla? Sì che hai sentito perché hai detto: "Vero, accidentaccio, verissimo."

"Mendicanti... mendicanti... non so di che cosa stai parlando." risponde Fabia e fa una faccia strana.

"Dai, dimmelo!" insiste Giulietta." Non posso credere che tu abbia già dimenticato. È successo mezz'ora fa..." Giulietta è arrabbiata. Pensa che la sua amica finga perché non vuole discutere. Ma lei sì;

---

[40] *spiccioli:* monete.
[41] *barboni:* vagabondi, mendicanti.

lei vuole discutere di questa cosa. Per lei è molto importante sapere quello che Fabia veramente pensa.

Ma Fabia continua a fare quella faccia strana...

"Ehi" esclama Giulietta con tono scherzoso, anche se in realtà è spazientita, "non fare quella faccia da pazza!"

Fabia ha una reazione imprevista. Una reazione incredibile. Si mette le mani sul volto, si piega su se stessa e comincia a piangere. Giulietta si avvicina subito a lei, vuole metterle un braccio intorno alle spalle per consolarla, ma lei la respinge. Si accascia[42] a terra, continuando a piangere; mentre piange, mormora qualcosa, delle parole che però Giulietta non capisce.

Fortunatamente sono davanti al portone di casa di Fabia. Giulietta sta per suonare il citofono per chiamare la signora Piera o il fratello, quando, ecco sbucare Federico dall'angolo della strada!

Giulietta sconvolta gli va incontro correndo:

"È successo qualcosa a Fabia. Piange... è lì per terra..."

Federico va dalla sorella. La abbraccia e le dice:

"Andiamo Fabia. Andiamo a casa..."

Fabia continua a piangere con le mani sul viso. Federico sembra dispiaciuto, ma non stupito.

"Mi dispiace" ripete Giulietta.

Lui risponde una cosa sorprendente:

"Non ti preoccupare... non è colpa tua..."

È vero. Non è colpa sua. Ma cosa sa Federico di quello che è accaduto, se non era lì con loro?

14
Paola

Il giorno dopo Fabia non è a scuola.

Di pomeriggio Giulietta le telefona, ma risponde la signora Piera:

"Fabia non sta molto bene. – dice – Forse viene domani a scuola."

Quella mattina Giulietta passa l'intervallo con Paola. Paola è molto simpatica. All'inizio, quando Giulietta è arrivata in quella scuola, è stata l'unica a dimostrarsi gentile con lei.

---

[42] *si accascia:* cade, crolla.

"Paola – pensa Giulietta – è una persona buona. Paola tratta bene tutti, anche quelli che trattano male lei."

Fabia non viene a scuola per tutta la settimana e Giulietta passa tanto tempo con la sua nuova amica. Un pomeriggio va anche a studiare a casa sua. Sua madre, quando torna dal teatro, la vede e parla con lei.
"È molto simpatica la tua amica" dice a Giulietta.
Alla mamma di Giulietta Fabia non piace molto. Giulietta la frequenta solo da due mesi, ma gliene ha parlato molto. Le è grata perché l'incredibile cambiamento di sua figlia è dovuto essenzialmente a lei. Ora Giulietta è una ragazza felice e serena, come lei si è sempre augurata. Ma, da come sua figlia ne parla, giudica Fabia un'ochetta[43], sciocca e superficiale.
Giulietta telefona a Fabia ogni giorno. E ogni giorno la signora Piera le ripete le stesse cose concludendo sempre con:
"Domani, domani viene a scuola…" Ma poi a scuola Fabia non c'è.

Sabato Giulietta ha una sorpresa. Durante l'ora di inglese entra in classe un ragazzo che non ha mai visto:
"Può uscire un momento Giulietta De Mari?" chiede all'insegnante.
Giulietta esce stupita.
"Cosa può volere quel ragazzo da me?" si chiede.
Ma non è quel ragazzo che vuole parlare con Giulietta, bensì un altro. Fuori dalla classe l'aspetta infatti Federico.
"Fabia torna lunedì" le dice.
"È guarita?"
"Sì, diciamo di sì…"
"Cosa vuoi dire?"
"È una storia lunga, Giulietta. Ma non posso raccontartela io…"
Giulietta capisce e non capisce. Ma, come sempre, non sa cosa dire. Federico continua:
"Non avercela con lei[44]… comunque…"
"Io non ce l'ho con lei" è la sola cosa che Giulietta riesce a dire.
E prima di allontanarsi, Federico fa una cosa che lei non si aspetta: le prende la mano nella sua.

---

[43] *ochetta:* si dice di una persona, in genere donna, sciocca, poco profonda.
[44] *avercela con lei:* avere qualcosa contro di lei, detestarla.

Giulietta si sente diventare di tutti i colori. Il suo cuore batte forte forte come dopo una grande corsa e le manca perfino il fiato per salutare Federico. Torna al banco e prende in mano la penna, ma scrive meccanicamente.

Sente una strana forte emozione, un'emozione che non ha mai provato prima, è una specie di mal di stomaco, ma piacevole.

"È questo dunque l'amore?" si chiede Giulietta.

Il giorno dopo, domenica, alle nove di mattina Giulietta e la mamma sono già sveglie; la mamma deve essere a teatro alle undici e Giulietta, che va a letto piuttosto presto di sera, si sveglia anche la domenica alla stessa ora di sempre, cioè alle sette.

È una bella mattina di maggio. Il sole splende alto nel cielo e non si vede neppure una nuvola. Giulietta sta al computer; si è collegata ad Internet per cercare delle informazioni sul regno dei Maya. Ha appena letto un libro in proposito e adesso vuole avere più informazioni su questa civiltà che tanto la affascina.

Alle nove e cinque suona il telefono.

"Chi può essere?" chiede la mamma con un tono spaventato. "Non telefona mai nessuno a quest'ora..."

Giulietta pensa:

"Deve essere per la mamma" e non si muove dal computer. È assai stupita quando sente la voce della mamma che chiama:

"Giulietta è per te... Fabia!"

Sì, è proprio Fabia, la sorprendente Fabia che, con voce tranquilla e naturale (come se si fossero viste il giorno prima) la invita ad andare allo zoo.

"Ma non c'è lo zoo a Milano!" dice Giulietta.

"Infatti andiamo con il *daddy* – così Fabia chiama suo padre – ad uno zoo vicino a Milano. Poco più di un' ora in macchina."

Giulietta è esitante. Ha fatto qualche volta delle gite, ma sempre e solo con la sua mamma. Non è mai neppure andata con quelle organizzate dalla scuola.

"Allora, ti va?" chiese Fabia spazientita.

" Sì... sì... mi va" risponde allora lei.

"È vero – dice tra sé e sé – non ho mai fatto gite. E questa è solo una buona ragione per cominciare a farne! Sono o non sono dunque una nuova Giulietta?

"Allora veniamo alle dieci e un quarto. Sotto casa tua..." conclude Fabia. E Giulietta pensa:

"Bene bene, così la mamma conosce finalmente la mia migliore amica e anche suo padre..."

15
La lite

Quell'ora e un quarto è il panico.

Cosa indossare? Cosa portare? Lasciare i capelli sciolti o legarli? Giulietta è sicura che ci sarà Federico e vuole essere bella per lui.

La madre la vede andare avanti e indietro dal bagno, cercare cose e provare vestiti. Allora le chiede stupita:

"Perché tutta questa agitazione? Abbiamo fatto anche noi delle gite..."

Ma Giulietta non ha voglia di parlare della ragione della sua agitazione. Certo questo è il momento meno adatto! Sua madre, invece di aiutarla, comincia a raccontare di una gita che hanno fatto lei e la figlia, anni prima, in montagna.

Ma Giulietta non ascolta. Si guarda allo specchio; prova un cappello, poi ne prova un altro e poi un paio di occhiali e poi un altro. Finalmente trova quello che le sembra l'abbigliamento più adeguato: jeans con un ricamo sul fondo, maglietta attillata[45] e giubbotto. Niente occhiali scuri, né cappello. Le scarpe invece: sportive, ma chiare. Purtroppo quelle che ha sono più adatte all'inverno che alla primavera.

"Mamma, non è che avresti un paio di scarpe sportive per me? Tanto adesso abbiamo più o meno lo stesso numero..." chiede improvvisamente, interrompendo senza accorgersi la madre, che sta ancora raccontando la storia della loro gita in montagna.

La madre va in collera:

"Ma non stavi ascoltando neppure una parola di quello che stavo dicendo... Non ti interessa proprio niente allora?"

Giulietta cerca di scusarsi, ma lei non la lascia parlare:

"Eh, no... ma ti rendi conto di come sei diventata da quando... da quando...?"

---

[45] *attillata:* aderente.

Vuole dire da quando "sei diventata carina?"

Invece dice:

"...da quando frequenti quella ragazza?" e poi aggiunge: "... Io non ti riconosco più."

Giulietta è mortificata. È dunque questo che pensa la sua mamma, la sua adorata mamma? Adesso che è felice, che per la prima volta nella sua vita si sente in armonia con se stessa e con gli altri, sua madre le dice una cosa simile!

"È cattiva – dice tra sé e sé – è cattiva ed egoista. Pensa solo a se stessa... pensa solo alla sua felicità..."

La mamma intanto torna dall'altra stanza con due paia di scarpe.

"Quelle chiare dovrebbero andarti bene" esclama secca.

Giulietta le mette: le stanno a pennello!

Intanto la mamma va a vestirsi in camera sua. È arrabbiata,e anche Giulietta è arrabbiata. Ma non c'è tempo per una riconciliazione: bisogna andare... Fabia deve essere già sotto casa.

E infatti quando scendono lei e la mamma, sono già lì: Fabia, il padre e, come ha sperato... Federico.

Il padre di Fabia è alto e slanciato. Assomiglia molto a Federico: gli stessi capelli, gli stessi occhi, lo stesso sorriso. Fabia con i suoi capelli castano rossi invece deve assomigliare alla mamma, che Giulietta non ha mai visto e di cui l'amica non parla volentieri.

Il padre di Fabia tende la mano a Giulietta, ma la sua attenzione è tutta per sua mamma. Si parlano, attenti e cortesi, come si parlano gli adulti, ma Giulietta capisce che al papà di Fabia sua mamma piace molto. E sembra che anche a lei lui non dispiaccia...

"Piacere di averla conosciuta..." si accomiata lui e lei dà un bacio a Giulietta, che sembra affettuoso, ma che lei sente freddo sulle guance.

La macchina parte e Giulietta, seduta sul sedile posteriore accanto a Fabia, ha proprio davanti a sé la testa di Federico.

Dimentica subito sua madre e la lite.

16
La gita

Lo zoo è grande e gli animali sono tanti. Girano tutti liberi e li si può guardare, a distanza di sicurezza, dalla macchina. Ci sono leoni, tigri, elefanti, pantere, canguri, foche...

Fabia è quella di sempre, solo forse un po' più magra e con qualche segno di occhiaia. Giulietta vorrebbe domandarle cosa è accaduto quel giorno di ritorno dal centro e della sua malattia, ma si rende conto che non è il momento.

A mezzogiorno vanno a mangiare in un ristorante in riva ad un fiume.

"È molto bello qui" dice Giulietta.

"Sì, hai ragione. È il nostro ristorante preferito..." conferma Federico.

Seduti al tavolino, Fabia ordina per tutti lasagne e vitello tonnato.

"Niente dieta oggi..." esclama allegramente.

Durante il pranzo il padre riceve delle telefonate sul cellulare e si allontana per parlare. I ragazzi continuano a mangiare ridendo e scherzando. Fabia chiede della scuola:

"C'è qualcosa da fare per domani?"

Giulietta si stupisce:

"Te ne preoccupi adesso? Certo che c'è da fare... devi essere rimasta un po' indietro anche. "

Federico ride:

"La scuola per Fabia è l'ultima delle preoccupazioni. Spesso si dimentica che esiste..."

Fabia gli fa una linguaccia.

"Se vuoi, ti aiuto..." propone Giulietta.

"Grazie, sì... ne ho proprio bisogno..." e con una faccia triste e avvilita aggiunge:

"Non ho voglia di andare a scuola. Non capirò più niente!"

"Dai... ci sono io..." dice Giulietta.

Ma Fabia sembra veramente preoccupata e replica seria:

"Sì, per fortuna ci sei tu..."

Federico si alza dicendo:

"Vado in bagno."

E allora Giulietta coglie l'occasione per chiedere all'amica:
"Cosa c'è? Cosa ti succede?"
Fabia con gli occhi pieni di lacrime mormora:
"Non lo so... non lo so..."
In quel momento arriva il padre. Fabia si alza e propone all'amica:
"Andiamo a fare una passeggiata..."
Il padre, pur sorpreso, non dice niente.
Giulietta pensa:
"Forse adesso finalmente Fabia mi rivelerà il suo segreto."
Invece, appena uscite dal ristorante, l'umore dell'amica cambia di nuovo improvvisamente e lei ridiventa la Fabia che ha conosciuto all'inizio, spensierata e ciarliera.
Giulietta si meraviglia di tutti quei cambiamenti d'umore: cosa succede alla sua amica? Prima tranquilla, poi tristissima, infine allegra, poi di nuovo melanconica.
"Non ci capisco niente... accidentaccio!"
Eppure, anche in passato è stata così; per quel breve periodo in cui l'ha frequentata, diverse volte l'ha vista cambiare umore.
"Forse è il suo carattere" pensa infine Giulietta.

Attraversato il paese, giungono di nuovo al fiume. Qui si fermano. Due uomini con grandi cappelli e stivaloni fino alle ginocchia nell'acqua pescano. L'acqua sembra vetro tanto è piatta e tutt'intorno regna un silenzio di pace.
"È bellissimo..." dice Giulietta.
"Sì, è vero... È bellissimo" conferma Fabia. Le prende la mano nella sua e le sussurra con un tono di voce intenso, che Giulietta non le aveva mai sentito:
"Ricordati, tu sei la mia migliore amica, l'amica più cara che io abbia mai avuto, perché so che di te posso fidarmi" e le stringe la mano, forte forte.
È allora che Giulietta sente, per la prima volta nella sua vita, che qualcuno ha bisogno di lei.

Sulla strada del ritorno Fabia sembra di nuovo triste e tace. Parlano invece Giulietta e Federico. Giulietta gli descrive il libro sui Maya che ha appena letto. Lui, che nutre un'autentica passione per le civiltà antiche, fa un lungo discorso su quella civiltà dimostrando di saperne parecchio.

"Ehi! – esclama colpita Giulietta – ma sei meglio di un sito internet!"

"È solo perché sono appassionato di queste cose. – dice lui – Ho letto anche diversi libri scritti da esploratori. All'università vorrei studiare archeologia."

"Come Indiana Jones!" commenta acida la sorella.

A casa la mamma di Giulietta non c'è. C'è però un messaggio sulla segreteria telefonica:

"Ciao Giulietta. Torno a casa per cena. Baci."

Giulietta ne è contenta.

In questo momento vuole restare sola, con i suoi pensieri e i suoi sentimenti. Vuole pensare a... Federico.

17
Che cosa sta succedendo?

Manca poco più di un mese alla fine della scuola. C'è molto da studiare per tutti e Giulietta passa la maggior parte del suo tempo a casa sui libri. A scuola frequenta sempre Fabia, ma parla anche con Paola. Fabia è molto affettuosa, fin troppo... Giulietta la trova a volte un po' ossessionante. Quando lei esce nel cortile con Paola – Fabia d'altra parte sta con le sue amiche Lucilla e Maria – l'amica poi le tiene il broncio[46] anche fino alla fine delle lezioni.

Giulietta ha intuito che Fabia è gelosa di Paola! Ma non vi dà grande importanza.

"Deve essere una delle sue stranezze..." pensa.

Quello invece che la preoccupa è che non vede quasi mai Federico. Lui, essendo nell'anno della maturità, deve studiare tantissimo, molto più di loro.

Quando lei va a casa di Fabia, lui esce dalla sua camera e la saluta, ma aggiunge sempre:

"Mi dispiace... non posso trattenermi. Devo andare a studiare."

Una volta l'ha accompagnata alla porta – Fabia era al telefono – e le ha dato un bacio sulla guancia. Giulietta ci ha sognato per una settimana di fila!

---

[46] *tiene il broncio:* atteggiamento che manifesta malumore, irritazione.

Sono finiti i compiti in classe e le interrogazioni. Ormai le ragazze sono libere! Un pomeriggio Giulietta ha appuntamento con Fabia alle quattro. Devono andare in libreria a comprare dei romanzi che l'insegnante di lettere ha consigliato per l'estate. Giulietta sta già per uscire – lei è sempre di una puntualità maniacale – quando suona il telefono. È Fabia!

"Mi dispiace Giulietta, oggi non me la sento di uscire. Non sto bene. – dice – Se vuoi andiamo un'altra volta..."

Giulietta è dispiaciuta perché è una bella giornata di sole – dall'inizio della primavera a Milano non è caduta neppure una goccia di pioggia! – e ha voglia di uscire. Perciò chiama Paola, che è in casa ad annoiarsi.

"Oh sì, vengo" dichiara lei entusiasticamente.

Dopo essere state in libreria, le due ragazze vanno a comprare un gelato e chiacchierano. Anche di Fabia, che Paola trova strana e snob.

"Con me non parla – dice con tono offeso – non mi degna neppure di uno sguardo..."

"Non è come sembra..." commenta Giulietta. "Sa essere anche generosa e affettuosa..."

"Anche le sue amiche Maria e Lucilla?"

"Ah, le vipere! Io non le sopporto... quelle sì che sono cattive, ma proprio cattive dentro..."

"Sì, hai ragione. Sai che parlano male addirittura di lei, di Fabia?"

"Che carogne... E cosa dicono?"

"Dicono che è malata."

"Malata? Come malata?"

"Dicono che è malata nella testa..."

Giulietta rimane come inebetita[47] da questa affermazione, ma il discorso passa ad altro e Giulietta non pensa più a ciò che le due "vipere" hanno detto, almeno fino a quando arriva a casa.

Appena entrata, mette in funzione la segreteria telefonica; in genere chiama la mamma per dirle a che ora arriva a casa. Ma non ci sono messaggi della mamma; ci sono invece quattro, cinque, sei, sette, otto messaggi tutti della stessa persona... di Fabia! Il primo è normale:

---

[47] *inebetita:* ebete.

"Ciao, Giulietta, sono Fabia. Richiamami." Il secondo quasi normale: "Allora, dove sei? Chiamami quando rientri." Dal terzo in poi: un delirio!

"Giulietta, allora, ti prego chiamami…"; "Giulietta dove sei andata? Ho bisogno di te…"; "Giulietta, telefona, telefona, ti prego" e così via.

Giulietta è stupita e spaventata.

"Ma cosa può essere successo?" si chiede.

Si precipita al telefono.

Il telefono non fa neanche uno squillo intero che subito Fabia risponde. Nessun "ciao", né "pronto", né "come stai?". Una voce di gelo le chiede:

"Dove sei stata?"

Giulietta risponde meccanicamente:

"Fuori…"

"Fuori con chi?"

"Con Paola."

Un secondo di vuoto e poi, sempre con lo stesso tono di ghiaccio: "Dove?"

Ma a questo punto Giulietta si è riavuta dalla sorpresa e finalmente riesce a chiedere:

"Ma cosa è successo, Fabia? Perché mi hai chiamato così tante volte? Io pensavo che…"

È interrotta dalla voce dell'amica che adesso urla:

"Tu pensi che io sia un giocattolo? Mi usi e poi mi butti via! Una volta, dico, una volta che non posso uscire, tu subito te ne vai con quella scema… Tu… tu…"

Giulietta sente che dall'altra parte del filo Fabia piange.

Vorrebbe dire qualcosa, ma l'amica riaggancia. Telefona ancora e ancora, ma il telefono dà sempre occupato. Allora si siede sulla grande poltrona in sala per raccogliere i pensieri.

"Cosa è successo? – si chiede – È perché sono uscita con Paola? È per quello che Fabia è così disperata?" Perché Fabia al telefono le è sembrata proprio disperata!

In un quarto d'ora Giulietta è a casa di Fabia. Suona il citofono, ma non risponde nessuno. Suona ancora: niente! Rimane in attesa, indecisa sul da farsi.

"Sono le sette e un quarto. Di solito mangiano alle sette e mezzo. Devono essere in casa. Qualcuno deve esserci..." si dice.

Suona ancora. Ed ecco che risponde una voce. Si sente male ma deve essere quella di un ragazzo, probabilmente di Federico. Lei dice: "Giulietta" e lui apre, senza fare domande.

Alla porta dell'appartamento Giulietta suona il campanello, ma non viene nessuno. Mette la mano sulla maniglia: la porta è aperta!

S'incammina per il lungo corridoio. Dal fondo di esso giungono voci femminili e maschili... Giulietta chiede ad alta voce:

"C'è qualcuno?"

Ma non riceve nessuna risposta.

Esita. Non sa bene cosa fare: continuare o tornare indietro? Ma poi decide: vuole sapere! Percorre allora il corridoio fino che arriva alla stanza di Fabia. E qui sente più distintamente le voci. Una di esse è quella di... Fabia.

18
Il segreto di Fabia

Giulietta apre la porta appena accostata e vede una scena che non potrà mai dimenticare: Fabia è sdraiata per terra e grida battendo con i pugni sul pavimento. Le sue grida sono acute, disperate. Accanto a lei, in ginocchio, il padre cerca di calmarla. In piedi il fratello e la signora Piera.

Federico vede Giulietta per primo. Si avvicina e la prende per un braccio dicendo:

"Vieni... andiamo via di qui..."

Giulietta va nella sala dove si siedono uno accanto all'altro.

Poiché lui non parla, è lei a prendere la parola.

"Cosa succede?" domanda.

"Io non so come dirtelo, Giulietta. Te lo spiegherà mio padre... Io..."

Ma Giulietta vuole sapere, subito:

"È malata, vero? Fabia è malata nella...?"

Sta per ripetere quella frase orribile, che hanno detto Lucilla e

Maria, ma si interrompe. Federico finalmente parla:

"Sì, Fabia è malata. Malata come... nostra madre..."

Giulietta non capisce:

"Come vostra madre? Cosa vuol dire? Fabia mi ha detto che lei lavora nel campo della moda, che lei..."

Federico la interrompe:

"È una bugia" dice.

"Una bugia?"

"Sì, una bugia. Fabia non accetta ciò che è accaduto a nostra madre. Lei... lei... ha avuto un... un... esaurimento nervoso anni fa... e da allora è... in una clinica. Anche per questo... anche per questo... mia sorella..."

Federico fa fatica a parlare e la voce gli trema.

"Mi dispiace... – dice Giulietta – mi dispiace... non immaginavo..."

"Ma la madre di Fabia c'entra poco con Fabia, o almeno non direttamente..." è una voce maschile quella che risuona nella stanza. Ma non quella di Federico. È il padre di Fabia a parlare. Si siede anche lui.

Continua a parlare, a bassa voce; forse teme che la figlia possa sentirlo:

"La mamma di Fabia è malata, ma la sua malattia non c'entra niente con i disturbi che Fabia manifesta adesso. La malattia non è ereditaria[48], ce lo hanno assicurato i medici."

Fa una pausa.

"Fabia ha cominciato a dare segni di... di... squilibrio[49] l'anno scorso. Prima semplici sbalzi di umore, poi sono cominciate le crisi... crisi di pianto, di grida. Adesso è in cura da uno specialista. I dottori parlano di depressione, di nevrosi, ma le ragioni nessuno le conosce..."

Di nuovo una pausa. E poi:

"Tu hai un'influenza positiva su Fabia. Da quando siete amiche lei è molto più tranquilla. Soltanto... soltanto che... proprio questo suo squilibrio la porta ad interpretare anche l'amicizia con te in un modo spesso – come dire? – ossessivo. È gelosa di tutti... delle amiche, anche del fratello..."

---

[48] *ereditaria:* che si ha perché ricevuta in eredità; in questo caso, una malattia.
[49] *squilibrio:* mancanza di equilibrio, di stabilità psichica.

La guarda negli occhi e aggiunge:

"Tu sei una ragazza intelligente, Giulietta... Spero che tu abbia capito..."

Giulietta fa segno di sì con la testa. Ha capito, sì, molte cose adesso le si chiariscono. Si alza e chiede:

"Dov'è Fabia adesso?"

"Le abbiamo dato un sedativo[50]. Domani starà meglio."

"Verrà a scuola?"

"Non lo so. Forse dopodomani..."

"Le posso... telefonare?"

"Sì, certamente."

Federico l'accompagna alla porta e le domanda ancora:

"Hai capito adesso?"

"Sì" risponde Giulietta.

"Hai capito anche perché io in questi giorni mi sono comportato... sono stato così freddo con te?"

Giulietta lo guarda e fa di sì con la testa.

Lui le sfiora la guancia con le labbra.

19
La riconciliazione

La mamma la aspetta sulla porta di casa. È furibonda. Non le lascia neppure il tempo di entrare.

"Non ci si comporta così, signorina – grida – Torno a casa e non ti trovo; non trovo neppure un messaggio. Ho telefonato dappertutto, persino agli ospedali. E adesso a casa di Fabia mi hanno detto che eri da loro."

Giulietta sta per rispondere, conciliante, ma lei continua sempre più in collera:

"Da ora in poi non si esce, non si mette neppure un piede fuori di casa senza il mio permesso. Niente soldi, niente shopping, niente di niente..."

"Come niente di niente?"

"Niente di niente vuol dire niente amici, niente uscite, niente telefono..."

---

[50] *sedativo*: farmaco che esercita un'azione calmante.

Ma perché la sua mamma adesso le parla in quel modo? In fondo la sua mancanza non è stata così grave... Non è forse perché ce l'ha con lei dai tempi della gita? Giulietta si sente trattata ingiustamente:

"Non è giusto! – esclama – Dici così perché non ti va bene che io sia felice."

"Sciocchezze... – risponde la madre dura – sono solo sciocchezze di un'oca vanitosa."

Giulietta si arrabbia:

"Vanitosa io? E allora tu... tu che da anni e ancora adesso vai in giro con le gonne corte e i capelli lunghi come una ragazza? Tu sei invidiosa, ecco cosa sei, sei invidiosa del fatto che gli altri trovino bella anche me adesso, bella come te e forse più di te..."

Non ha neppure finito di parlare che si pente di quello che ha detto.

La madre le sta davanti pallida come un cadavere. Apre la bocca per dire qualcosa, ma la richiude subito. Si volta e se ne va.

Giulietta si rifugia in camera sua. Non ha mangiato niente ma non ha fame. Si distende sul letto. Si sente stanca, anzi esausta. Vorrebbe pensare ma troppe immagini si affollano[51] nella sua mente: la malattia di Fabia, lo sguardo di Federico, la rabbia della madre.

Non è passata ancora mezz'ora che dorme profondamente.

Quando si sveglia è l'alba.

Va in cucina perché ha sete e fame; è dal pomeriggio prima che non tocca cibo. Sta per aprire il frigorifero quando si accorge che seduta al tavolo, in cucina, c'è... la mamma.

"Buon giorno, Giulietta" le dice con il solito tono dolce.

Giulietta è sorpresa. Si strofina gli occhi. Sogna adesso o ha sognato il giorno prima?

No, non sogna. La mamma è proprio lì, vestita come la sera prima. Sta bevendo una tazza di caffè. In quanto al giorno prima: no, non deve proprio essere stato un sogno. La mamma ha un viso pallido e segnato da profonde occhiaie.

"Forse non è neppure andata a letto" pensa la ragazza.

"Siediti qui... – la esorta la mamma – Ti preparo io il thé."

---

[51] *si affollano:* riempiono.

45

Giulietta si siede; lei le mette davanti la tazza e il piattino, le fette biscottate e la marmellata. Vorrebbe dire qualcosa, ma non sa bene cosa. Perciò aspetta che parli lei. Quando l'acqua per il thé bolle, la mamma la versa nella teiera e si siede di fronte alla figlia; entrambe ne bevono un sorso.

Poi la mamma la guarda dritta negli occhi, tira un lungo sospiro come per prendere fiato prima di parlare e dice:

"Mi dispiace per ieri sera, Giulietta. Io... io... non volevo dire ciò che ho detto. Io so, mi rendo conto... che tu sei felice, e non voglio rovinare la tua felicità. Ma tu... devi capire anche me. Io sono sola e sono abituata ad avere te accanto e sempre. Adesso il sabato e la domenica sei spesso via, con le tue amiche."

Giulietta sta per intervenire, ma lei la previene:

"No, lasciami parlare... ancora un attimo... Non dico che non sia giusto così. Hai sedici anni; hai diritto alla tua vita con gli altri, quella che non hai mai avuto. Ma mi pare anche che tu... ti sia come... allontanata da me. Non mi parli più, non ti confidi più, come una volta. E questo mi manca tantissimo."

Giulietta non ha bisogno di riflettere neppure un secondo prima di rispondere:

"Lo capisco... adesso che me lo dici, lo capisco. È vero che per me adesso alcune cose è difficile dirtele. Ho paura che non le comprenderesti, perché... perché..."

"Perché sono un'adulta, forse. Vero Giulietta, è questo che vuoi dire?"

Giulietta annuisce.

"Pensa comunque che prima che un'adulta io sono la tua mamma, una persona su cui tu puoi contare al cento per cento e sempre, anche quando sbagli. Perché nessuno ti vuole bene più di me..."

La mamma si alza e si avvicina a Giulietta. Si abbracciano, come non fanno da tanto tempo.

"Anch'io ti voglio tanto bene, mamma..." le sussurra Giulietta in un orecchio.

20
The end

Mancano soltanto quindici giorni all'inizio delle vacanze.

Ormai fa così caldo che si esce di mattina già in maglietta. Giulietta ne ha ormai diverse, alcune griffate[52], come vuole l'amica Fabia, altre semplici di quelle che piacciono a lei.

A scuola sono tutti (o quasi) allegri: si pensa già alle vacanze e si ha poco da studiare. A Giulietta dispiace che la scuola finisca. Per la prima volta nella sua vita.

Gli altri anni non aveva amici né nella classe né nella scuola e andare a scuola era un'autentica sofferenza.

Adesso invece è tutto diverso: in classe ogni mattina trova le sue amiche, Fabia e Paola e non s'intrattiene soltanto con loro, ma anche con altri compagni e compagne, che adesso conosce meglio.

Spesso stanno tutte insieme: lei, Fabia, Paola e le due amiche viperette, Lucilla e Maria. Giulietta vorrebbe dire alla sua migliore amica che quelle sparlano[53] tutto il tempo di lei. Ma temendo una qualche terribile reazione, preferisce tacere.

Da quel pomeriggio in cui l'ha vista in lacrime e urlante sul pavimento della sua camera, e in cui il padre le ha parlato dei suoi problemi, ha cambiato un po' il suo atteggiamento verso l'amica: è diventata più cauta, più attenta, e cerca di non creare mai situazioni "pericolose".

D'altra parte Fabia è rimasta la stessa: gelosa e variabile nell'umore.

Così Giulietta, quando esce con Paola o con un'altra compagna di classe di nome Susanna, che l'ha invitata a vedere la collezione di pietre di suo padre, non dice nulla a Fabia, e, se questa le domanda, lei racconta qualche bugia.

"Bugie a fin di bene." dice fra sé e sé.

L'anno prossimo Fabia non sarà più nella stessa scuola con Giulietta. Quest'anno ha perso troppi giorni e poi ha studiato così poco, che sa già che sarà "respinta"[54].

---

[52] *griffate:* di marca, firmate da grandi stilisti.
[53] *sparlano:* parlano male.
[54] *sarà respinta:* non sarà ammessa all'anno successivo, dovrà ripetere l'anno.

Lei vorrebbe rimanere nella stessa scuola, ma il padre insiste: "Questa scuola è troppo difficile per te. È meglio che tu vada in una scuola privata..." dice.

E Giulietta le ha dovuto promettere che anche se lei è in un'altra scuola, le telefonerà ogni giorno e si vedranno almeno una volta alla settimana.

In quanto a Federico, lo ha visto ancora diverse volte, ma sempre per poco tempo. Quegli ultimi giorni prima della maturità per gli studenti dell'ultimo anno di liceo sembrano l'inferno: libri e studio, studio e libri e nient'altro!

Per Giulietta è difficile; la consolano gli sguardi che lui le rivolge quando si incontrano, sguardi di brevi attimi che si scambiano sulla porta o in cucina, ma tanto dolci ed intensi che le riempiono il cuore.

All'uscita dei cartelloni[55] Giulietta, Fabia e Paola si ritrovano davanti a scuola. Ci sono anche Lucilla e Maria, che hanno dei voti bassi e anche dei debiti[56]. Paola invece è promossa e Giulietta ha dei bellissimi voti in italiano e in scienze.

Fabia, che è stata respinta, non si dimostra particolarmente dispiaciuta.

"Lo sapevo..." dice.

Davanti alla scuola c'è una gelateria e qui si fermano le ragazze.

Non vogliono più parlare di scuola, parlano dunque di... vacanze!

"Io vado al mare a Forte dei Marmi[57], come ogni anno. Non so bene quando partiamo, ma ho paura presto presto" dice Fabia.

"Perché dici... ho paura? Non ti piace?" domanda Giulietta.

"Sì sì, il posto è bello, ma a giugno non c'è molta gente e ci si annoia un po'. Preferirei restare a Milano ancora, almeno fino a luglio... Ma so già che mio padre insisterà. E tu dove vai, Giulietta?"

"Io un po' con mio padre chissà dove e un po' con mia madre, probabilmente all'estero..."

---

[55] *cartelloni:* cartelli con i voti di ogni allievo che vengono appesi nell'atrio o nei corridoi della scuola.

[56] *debiti:* secondo la nuova legge scolastica italiana, si hanno debiti nelle materie in cui non si sono riportati voti sufficienti. L'anno scolastico successivo questi debiti devono essere "saldati" con un esame.

[57] *Forte dei Marmi:* elegante località balneare che si trova in Versilia sulla costa toscana.

"Che bello!" commenta Paola.

"Beh, con mio padre non è che mi diverta. Stiamo in alberghi di lusso e lui parla sempre con un sacco di persone noiosissime... spero di andare al mare. Almeno stiamo in spiaggia."

"Ci sono delle spiagge dove ci si diverte un sacco" dice Fabia.

"Gli anni scorsi non mi sono mai divertita, ma adesso sono decisa a farlo. Spero di conoscere qualcuno..."

"E all'estero dove?"

"Dipende dal programma di mamma. Lei in estate ha delle tournée, cioè recita una settimana nel teatro di una città, un'altra settimana in un altro, forse quest'anno andiamo in Francia e in Inghilterra. E tu Paola, dove vai?" domanda Giulietta.

"Io in campagna da mia nonna..." lo dice quasi sottovoce.

A Fabia scappa un: "poveretta!". Giulietta non commenta, ma è chiaro che neppure lei trova la vacanza con la nonna un'esperienza eccezionale.

"Non è così male" protesta Paola, vedendo la reazione delle amiche. "Ho la 'compagnia'[58] là..."

Stanno finendo il gelato, quando un ragazzo si avvicina. Ha un biglietto in mano. Lo dà a Giulietta, e, senza dire una parola, se ne va.

Giulietta, stupita, legge le poche parole sul foglietto:

"Esci e vai a destra. Ti aspetto al cancello di ingresso del parco. Federico".

Giulietta dice alle amiche: "Torno subito...". Queste sono stupite, ma Giulietta non dà loro il tempo per fare domande; esce dalla pasticceria e, quasi correndo, in due minuti arriva al cancello del parco. È chiuso! Ma, dall'altra parte, seminascosto dalla siepe[59], c'è... Federico.

Le tende le mani attraverso il cancello e domanda:

"Non c'è mia sorella, vero?"

"No, è rimasta in pasticceria. Non ha avuto neppure il tempo di capire..."

"Bene, bene... sai... ho paura che s'ingelosisca..."

---

[58] *la "compagnia":* qui si intende un gruppo di persone (ragazzi/e) che si frequentano abitualmente.

[59] *siepe:* riparo di piante, rami ecc.

[60] *scritti:* esami scritti.

Giulietta gli rivolge uno sguardo interrogativo.

"Non ricordi? – fa lui – Fabia è gelosa di tutti."

Sì, ricorda, ricorda, ma è dunque così terribile quella gelosia?

"Sono venuto a salutarti – continua lui – perché parto…"

"Parti? Ma e… la maturità?"

"Faccio gli scritti[60] tra tre giorni, poi vado al mare a studiare. Torno per gli orali[61]. Io preferirei stare a Milano ma mio padre mi ha chiesto di non lasciare sola mia sorella."

"Capisco" dice Giulietta triste.

"Ma subito dopo gli orali… ho qualche giorno in cui sono tutto solo a Milano. Tu…"

"Io a luglio non sono qui…"

"Ah…" fa lui deluso.

"È proprio tutto contro di noi…."

"E poi… non mi hai dato ancora un bacio, brutto mammalucco[62]!" pensa tra sé e sé.

"Anche a me dispiace da morire, Giulietta… ma… come possiamo fare?"

Giulietta sospira.

Anche lui sospira. Sporge le braccia dall'inferriata; le prende le mani tra le sue e le mormora con grande dolcezza:

"Ti voglio bene…"

E una voce che viene da dentro Giulietta altrettanto dolce risponde:

"Anch'io…"

E poi il viso di lui si avvicina al suo, le loro labbra si toccano e si danno un bacio lungo lunghissimo, il primo bacio di Giulietta.

Poi si allontanano senza parlare.

---

[61] *orali:* esami orali.
[62] *mammalucco:* sciocco, stupido.

ATTIVITÀ

1. Segna con una x quali aggettivi si riferiscono a Giulietta o a sua madre.

	Giulietta	sua madre
a. bella	❑	❑
b. goffa	❑	❑
c. poco attraente	❑	❑
d. timida	❑	❑
e. dolce	❑	❑
f. sempre sorridente	❑	❑
g. appassionata di pietre	❑	❑
h. introversa	❑	❑
i. ottimista	❑	❑
j. portata per la scrittura	❑	❑

2. Che mestiere fanno i genitori di Giulietta?

la madre: ....

il padre: ....

3. Indica quali di affermazioni sono vere e quali false.

	vero	falso
1. Giulietta odia tutte le scuole.	❑	❑
2. Giulietta conosce già il preside.	❑	❑
3. Giulietta gli sorride.	❑	❑
4. Dopo la scuola Giulietta va in montagna e nei boschi.	❑	❑
5. Giulietta non ha amici.	❑	❑
6. L'appartamento di Giulietta si trova nel centro di Milano.	❑	❑
7. Giulietta si trova brutta ed insignificante.	❑	❑
8. Giulietta è molto brava in matematica.	❑	❑
9. L'insegnante di lettere ha detto che Giulietta scrive molto bene.	❑	❑
10. La mamma promette a Giulietta che resteranno per sempre a Milano.	❑	❑

4. Com'è l'appartamento di Giulietta? Completa.

L'appartamento di Giulietta è al .... piano. Ha ....
stanze e una .... La cosa bella è che ci sono due ....,
uno per ognuno.

5. "Si sente sperduta" significa:
a. Si è persa.   b. Si sente male.   c. Si sente a disagio.

6. "Non si sono rivolte la parola" significa:
a. Non si sono parlate.
b. Non hanno voluto che una delle due parlasse.
c. Hanno discusso.

Capitoli 4-5-6

1. Come si incontrano Giulietta e Fabia? Ricostruisci gli avvenimenti numerandoli dall' 1 a 5 nella giusta sequenza temporale.
.... Giulietta si ferma perché riconosce Fabia dai capelli.
.... Fabia convince Giulietta a portarla a casa sua per medicarla.
.... Giulietta e Fabia vanno in autobus a casa di Giulietta.
.... Giulietta cammina per la città.
.... Fabia ha avuto un incidente con la bicicletta.

2. Sottolinea gli elementi falsi nella descrizione di Fabia.
Fabia è una ragazza molto bella. Non è ricca, ma compra sempre
molti abiti. Infatti Fabia è appassionata di abiti. Fabia non ha molti
amici, perché è snob e tanti la trovano antipatica. Fabia parla sempre di moda, ma ama anche i libri e i film.

3. Rispondi a queste domande.
a. Cosa ama Giulietta di più di ogni altra cosa? Perché?
b. Perché Fabia vuole assolutamente andare a casa di Giulietta?
c. In che cosa consiste la scommessa che fanno Giulietta e Fabia?

4. Completa queste espressioni.

a. grassa come ....

b. sicuro come ....

5. Tutti i ragazzi vanno matti per lei significa che:

a. tutti i ragazzi si arrabbiano quando la vedono.

b. a tutti i ragazzi piace moltissimo.

c. tutti i ragazzi la amano così tanto che impazziscono.

Capitoli 7-8-9

1. Completa il riassunto di queste quattro unità con le parole nel box.

vestiti • provare • appuntamento • seguirla • ignora • shopping • arrabbiata

Giulietta va a casa di Fabia per .... degli abiti. Qui conosce Federico, il fratello di Fabia. Il giorno dopo Giulietta a scuola vorrebbe parlare con Fabia, ma lei la .... Giulietta è offesa e ...., ma poi vede Federico. Lui la saluta con un bel sorriso, allora si sente subito meglio. Di pomeriggio va a fare .... con Fabia. In un grande magazzino comprano dei .... per Giulietta. Vanno poi a casa di Fabia; qui Fabia le consiglia di fare una una dieta e Giulietta decide di .... Il venerdì successivo Giulietta ha .... con Fabia dal parrucchiere. Qui comincia la trasformazione di Giulietta.

2. Sai descrivere Federico Guarenti? Segna le affermazioni di cui sei sicuro.

a. è alto

b. è basso

c. è di statura media

d. è magro

e. è grasso

f. è di corporatura media

g. ha i capelli biondi

h. scuri

i. castano scuri

l. hai gli occhi chiari

m. ha gli occhi scuri

n. ha gli occhi castani

3. Cosa fa il parrucchiere con i capelli di Giulietta?

....

....

4. "Non sono fatti tuoi" significa:

a. non sono cose che ti riguardano.

b. non sono cose che ti appartengono.

c. queste cose non sono successe.

5. "Il mondo non è fatto in bianco e in nero" significa che:
a. le cose e le persone non sono sempre o buone o cattive.
b. nel mondo vi sono molti colori.
c. le cose sono fatte in tanti modi diversi.

Capitoli 10-11-12

1. Giulietta è delusa e amareggiata perché
a. Federico non la saluta.
b. Fabia non le parla a scuola.
c. si vede orribile.

2. Cosa comprano Giulietta e Fabia durante lo shopping al grande magazzino e Giulietta al supermercato? Ordina le cose elencate qui di seguito in questi due gruppi.

> vestiti • insalata • pomodori • petti di tacchino e di pollo
> camicie • una gonna • verdure • un pantalone • pesce

abiti   **cibo**

....

....

....

....

....

3. Unisci come nell'esempio.

Piera   lavora nella moda
Federico   è un'amica di Fabia
Lucilla   è il fratello di Fabia
Maria   lavora in casa di Fabia
La mamma di Fabia   è un'amica di Fabia

4. Dopo la malattia Giulietta ha subíto una vera metamorfosi. Completa la descrizione della "nuova" Giulietta con gli aggettivi che seguono.

luminosa • snello • dolce • slanciato • grandi

Giulietta è diventata una bella ragazza dal viso ...., gli occhi .... e la carnagione ...., dal corpo .... e ....

5. Trova nel testo un modo per dire.

a. serie di indicazioni su cosa mangiare   d.............................

b. cambiamento totale   m.............................

c. ornamento che si mette intorno al collo   c.............................

6. "Dà voce" significa:

a. grida   b. esprime   c. prova la voce

Capitoli 13-14-15

1. Indica quali di queste affermazioni sono vere o false.

	vero	falso
a. Giulietta è diventata più disinvolta e sicura.	❏	❏
b. Adesso Giulietta è la migliore amica di Fabia.	❏	❏
c. Le ragazze amano camminare in centro.	❏	❏
d. Giulietta e Fabia danno del denaro ad un mendicante.	❏	❏
e. Fabia si arrabbia con Maria e Lucilla.	❏	❏

2. Maria e Lucilla sono:

a. pettegole e cattive.

b. pettegole ma generose.

c. molto amiche di Fabia e di Giulietta.

3. Rispondi alle seguenti domande.

a. Che cosa succede a Fabia dopo il giro in centro?

b. Che cosa pensa la mamma di Giulietta riguardo a Fabia?

c. Chi frequenta Giulietta nella settimana di assenza di Fabia?

4. Unisci come nell'esempio.

Giulietta non sa cosa   sulla civiltà dei Maya.

Federico va a parlare   di fare una gita fuori Milano.

Il telefono suona   fatto gite con la scuola.

Fabia propone a Giulietta   a scuola con Giulietta.

Giulietta non ha mai   domenica mattina.

Giulietta cerca informazioni   indossare per la gita.

5. Giulietta cerca abiti adatti:
a. per andare in montagna con la mamma.
b. per Federico.
c. per andare in gita.

6. La mamma di Giulietta si arrabbia perché:
a. Giulietta va in gita con Fabia.
b. Giulietta le risponde male.
c. Giulietta non la ascolta mentre parla.

7. "È dovuto (essenzialmente) a lei" significa:
a. è per merito suo che accade questo.
b. a lei bisogna dare un compenso.
c. per lei è molto importante.

8. (A Giulietta) "manca persino il fiato" perché:
a. ha paura.
b. ha fatto tutto in fretta.
c. è emozionata quando parla con Federico.

Capitoli 16-17

1. Adesso sai diverse cose di Fabia. Segna con una x gli aggettivi che ti sembrano adatti a descriverla.

gelosa   ❏   allegra   ❏

variabile di umore   ❏   affettuosa   ❏

tranquilla   ❏   fredda   ❏

studiosa   ❏   egocentrica   ❏

2. Quali di questi animali vedono nello zoo Giulietta e i suoi amici? Segna con una crocetta quelli che appaiono nel testo.

leoni	❏	canguri	❏
tigri	❏	bisonti	❏
orsi	❏	foche	❏
elefanti	❏	aquile	❏
struzzi	❏	pantere	❏

3. Fabia al ristorante ordina "lasagne e vitello tonnato" per tutti. Si tratta di:
a. un antipasto e un piatto di pesce.
b. un piatto di pasta e di carne.
c. un piatto unico.

4. Quali di queste affermazioni sono vere o false?

	vero	falso
a. Giulietta e Federico in macchina parlano della civiltà dei Maya.	❏	❏
b. Anche Fabia partecipa a questa conversazione.	❏	❏
c. Giulietta esce con Paola perché Fabia è malata.	❏	❏
d. Giulietta parla con Paola di Fabia e delle sue amiche.	❏	❏
e. Quando Giulietta rientra in casa, trova messaggi di diverse persone sulla segreteria telefonica.	❏	❏

5. Giulietta è "di una puntualità maniacale" significa che:
a. Giulietta è sempre puntuale.
b. Giulietta vuole che tutti siamo puntuali come lei.
c. Giulietta è un po' matta.

Capitoli 18-19-20

1. Completa.

squilibrio • crisi • stanza • grida • spiegazioni

Quando Giulietta entra nella ...., vede una scena terribile: Fabia è sdraiata per terra, batte con i pugni sul pavimento e .... Federico vede Giulietta; vanno in salotto. Qui

arriva anche il padre di Federico.
Giulietta vuole delle .... Il padre racconta che Fabia dà
a volte segni di .... e che periodicamente ha delle
....

2. Quando Giulietta torna a casa sua mamma è arrabbiata perché:
a. lei se ne è andata senza lasciare un messaggio.
b. è tornata tardi.
c. è andata in gita con Fabia.

3. La riconciliazione tra la mamma e Giulietta avviene:
a. di mattina.   b. di sera.   c. di notte.

4. Collega come nell'esempio.

Federico e Giulietta	andrà in una scuola privata
Federico	hanno dei debiti
Fabia	non si vedranno fino a settembre
Lucilla e Maria	ha dei bei voti in lettere e scienze
Giulietta	bacia Giulietta

5. Trova nell'ultimo capitolo delle parole che significano:
a. tanto, molto   un s...............
b. posto dove si mangia il gelato   g.....................
c. piccolo pezzo di carta   f.....................
d. faccia   v.....................

CHIAVI

Capitoli 1-2-3

1. a. sua madre; b. Giulietta; c. Giulietta; d. Giulietta; e. sua madre; f. sua madre; g. Giulietta; h. Giulietta; i. sua madre; j. Giulietta.

2. la madre: attrice; il padre: lavora in una compagnia internazionale.

3. 1. vero; 2. falso; 3. falso; 4. falso; 5. vero; 6. vero; 7. vero; 8. falso; 9. vero; 10. vero.

4. L'appartamento di Giulietta è al secondo piano. Ha tre stanze e una cucina. La cosa bella è che ci sono due bagni uno per ognuno.

5. c.

6. a.

Capitoli 4-5-6

1. Giulietta cammina per la città. Fabia ha avuto un incidente con la bicicletta. Giulietta si ferma perché riconosce Fabia dai capelli. Fabia convince Giulietta a portarla a casa sua per medicarla. Giulietta e Fabia vanno in autobus a casa di Giulietta.

2. Non è ricca; non ha molti amici; ma ama anche i libri e i film.

3. a. Giulietta ama le pietre perché (come scrive sul suo diario) le pietre sono cose semplici e ognuna ha la sua bellezza. b. Perché non vuole tornare a casa; suo padre la sgriderebbe. c. Giulietta e Fabia scommettono sul fatto che Fabia possa cambiare Giulietta e renderla una ragazza bella.

4. a. come un porco; b. come l'oro;

5. b.

Capitoli 7-8-9

1. provare, ignora; arrabbiata; shopping; vestiti; seguirla; appuntamento.0

2. a. d. l.

3. il parrucchiere lava, massaggia, taglia, cosparge i capelli di liquidi strani, lava di nuovo e poi pettina.

4. a.

5. a.

Capitoli 10-11-12

1. b.

2. abiti: vestiti, camicie, una gonna, un pantalone; cibo: insalata, pomodori, petti di tacchino e di pollo, verdure, pesce.

3. Piera lavora in casa di Fabia; Federico è il fratello di Fabia; Lucilla è un'amica di Fabia; Maria è un'amica di Fabia; La mamma di Fabia lavora nella moda.

4. dolce; grandi; luminosa; snello e slanciato.

5. a. dieta; **b.** metamorfosi; **c.** collana.

6. b.

Capitoli 13-14-15

1. a.-V; **b.**-V; **c.**-V; **d.**-F; **e.**-F.

2. a.

3. a. Ha una reazione imprevista. Si mette le mani sul volto, si piega su se stessa e comincia a piangere; **b.** che è un'ochetta; **c.** Paola.

4. Giulietta non sa cosa indossare per la gita. Federico va a parlare a scuola con Giulietta. Il telefono suona domenica mattina. Fabia propone a Giulietta di fare una gita fuori Milano. Giulietta non ha mai fatto gite con la scuola. Giulietta cerca informazioni sulle civiltà dei Maya.

5. a.

6. c.

7. a.

8. c.

Capitoli 16-17

1. gelosa; variabile di umore; allegra (a volte); affettuosa (a volte); egocentrica.

2. leoni, tigri, elefanti, pantere, canguri, foche.

3. b;

4. a.-V ; **b.**-F; **c.**-F; **d.**-V; **e.**-F.

5. a.

Capitoli 18,19,20

1. stanza; grida; spiegazioni; squilibrio; crisi.

2. a.

3. a.

4. Federico bacia Giulietta; Fabia andrà in una scuola privata; Lucilla e Maria hanno dei debiti; Giulietta ha dei bei voti in lettere e scienze.

5. un sacco; gelateria; foglietto; volto.

L'italiano per stranieri

Ambroso e Di Giovanni
L'ABC dei piccoli

Ambroso e Stefancich
Parole
10 percorsi nel lessico italiano - esercizi guidati

Avitabile
Italian for the English-speaking

Balboni
GrammaGiochi
per giocare con la grammatica

Ballarin e Begotti
Destinazione Italia
l'italiano per operatori turistici
• manuale di lavoro
• 1 audiocassetta

Barki e Diadori
Pro e contro
conversare e argomentare in italiano
• 1 liv. intermedio - libro dello studente
• 2 liv. intermedio-avanzato - libro dello studente
• guida per l'insegnante

Barreca, Cogliandro e Murgia
Palestra italiana
esercizi di grammatica - elementare - pre-intermedio

Battaglia
Grammatica italiana per stranieri

Battaglia
Gramática italiana
para estudiantes de habla española

Battaglia
Leggiamo e conversiamo
letture italiane con esercizi per la conversazione

Battaglia e Varsi
Parole e immagini
corso elementare di lingua italiana per principianti

Bettoni e Vicentini
Passeggiate italiane
lezioni di italiano - livello avanzato

Blok-Boas, Materassi e Vedder
Letture in corso
corso di lettura di italiano
• 1 livello elementare e intermedio
• 2 livello avanzato e accademico

Buttaroni
Letteratura al naturale
autori italiani contemporanei
con attività di analisi linguistica

Camalich e Temperini
Un mare di parole
letture ed esercizi di lessico italiano

Carresi, Chiarenza e Frollano
L'italiano all'Opera
attività linguistiche attraverso 15 arie famose

Cherubini
L'italiano per gli affari
corso comunicativo di lingua e cultura aziendale
• manuale di lavoro
• 1 audiocassetta

Chiappini e De Filippo
Un giorno in Italia 1
corso di italiano per stranieri
principianti - elementare - intermedio
• libro dello studente con esercizi + cd audio
• libro dello studente (senza cd audio)
• guida per l'insegnante + test di verifica
• glossario in quattro lingue + chiavi

Chiappini e De Filippo
Un giorno in Italia 2
corso di italiano per stranieri
intermedio - avanzato
• libro dello studente con esercizi + cd audio
• libro dello studente (senza cd audio)
• guida per l'insegnante + test di verifica + chiavi

Cini
Strategie di scrittura
quaderno di scrittura - livello intermedio

Deon, Francini e Talamo
Amor di Roma
Roma nella letteratura italiana del Novecento
testi con attività di comprensione
livello intermedio-avanzato

Diadori
Senza parole
100 gesti degli italiani

du Bessé
PercORSO GUIDAto guida di Roma
con attività ed esercizi di italiano

du Bessé
PercORSO GUIDAto guida di Firenze
con attività ed esercizi di italiano

du Bessé
PercORSO GUIDAto guida di Venezia
con attività ed esercizi di italiano

Gruppo CSC
Buon appetito!
tra lingua italiana e lingua regionale

Gruppo META
Uno
corso comunicativo di italiano - primo livello
• libro dello studente
• libro degli esercizi e grammatica
• guida per l'insegnante
• 3 audiocassette

Gruppo META
Due
corso comunicativo di italiano - secondo livello
• libro dello studente
• libro degli esercizi e grammatica
• guida per l'insegnante
• 4 audiocassette

Gruppo NAVILE
Dire, fare, capire
l'italiano come seconda lingua
• libro dello studente
• guida per l'insegnante
• 1 cd audio

Humphris, Luzi Catizone, Urbani
Comunicare meglio
corso di italiano - livello intermedio-avanzato
• manuale per l'allievo
• manuale per l'insegnante
• 4 audiocassette

**Istruzioni per l'uso
dell'italiano in classe 1**
88 suggerimenti didattici per attività comunicative

**Istruzioni per l'uso
dell'italiano in classe 2**
111 suggerimenti didattici per attività comunicative

**Istruzioni per l'uso
dell'italiano in classe 3**
22 giochi da tavolo

Jones e Marmini
Comunicando s'impara
esperienze comunicative
• libro dello studente
• libro dell'insegnante

Maffei e Spagnesi
Ascoltami!
22 situazioni comunicative
• manuale di lavoro
• 2 audiocassette

Marmini e Vicentini
Passeggiate italiane
lezioni di italiano - livello intermedio

Marmini e Vicentini
Ascoltare dal vivo
manuale di ascolto - livello intermedio
• quaderno dello studente
• libro dell'insegnante
• 3 cd audio

Paganini
ìssimo
quaderno di scrittura - livello avanzato

Pontesilli
Verbi italiani
modelli di coniugazione

Quaderno IT - n. 4
esame per la certificazione - dell'italiano come L2
livello avanzato - prove del 2000 e del 2001
• volume + audiocassetta

Quaderno IT - n. 5
esame per la certificazione - dell'italiano come L2
livello avanzato - prove del 2002 e del 2003
• volume + cd audio

Radicchi
Corso di lingua italiana
livello intermedio

Radicchi
In Italia
modi di dire ed espressioni idiomatiche

Stefancich
Cose d'Italia
tra lingua e cultura

Stefancich
Quante storie!
(di autori italiani contemporanei)
con proposte didattiche

Stefancich
Tracce di animali
nella lingua italiana tra lingua e cultura

Svolacchia e Kaunzner
Suoni, accento e intonazione
corso di ascolto e pronuncia
• manuale
• set di 5 audio CD

Tamponi
Italiano a modello 1
dalla letteratura alla scrittura
livello elementare e intermedio

Tettamanti e Talini
Foto parlanti
immagini, lingua e cultura
livello intermedio

Totaro e Zanardi
Quintetto italiano
approccio tematico multimediale - livello avanzato
• libro dello studente con esercizi
• libro per l'insegnante
• 2 audiocassette

Ulisse
Faccia a faccia
attività comunicative - livello elementare-intermedio

Urbani
Senta, scusi...

programma di comprensione auditiva
con spunti di produzione libera orale
• manuale di lavoro
• 1 cd audio

Urbani
Le forme del verbo italiano

Verri Menzel
La bottega dell'italiano
antologia di scrittori italiani del Novecento

Vicentini e Zanardi
Tanto per parlare
materiale per la conversazione
livello medio-avanzato
• libro dello studente
• libro dell'insegnante

Linguaggi settoriali

Dica 33
il linguaggio della medicina
• libro dello studente
• guida per l'insegnante
• 1 cd audio

L'arte del costruire
• libro dello studente
• guida per l'insegnante

Una lingua in pretura
il linguaggio del diritto
• libro dello studente
• guida per l'insegnante
• 1 cd audio

Pubblicazioni di glottodidattica

Gabriele Pallotti - A.I.P.I. Associazione Interculturale Polo Interetnico
Imparare e insegnare l'italiano come seconda lingua
• DVD + libro

Progetto ITALS

La formazione di base del docente di italiano per stranieri
a cura di Dolci e Celentin
L'italiano nel mondo
a cura di Balboni e Santipolo

Cedils. Certificazione in didattica dell'italiano a stranieri
a cura di Serragiotto
Il 'lettore' di italiano all'estero
a cura di Pavan

I libri dell'Arco

1. Balboni • **Didattica dell'italiano a stranieri**

2. Diadori • **L'italiano televisivo**

3. Micheli • **Test d'ingresso di italiano per stranieri**

4. Benucci • **La grammatica nell'insegnamento dell'italiano a stranieri**

5. AA.VV. • **Curricolo d'italiano per stranieri**

6. Coveri e altri • **Le varietà dell'italiano**

Classici italiani per stranieri
testi con parafrasi a fronte* e note

1. Leopardi • *Poesie**
2. Boccaccio • *Cinque novelle**
3. Machiavelli • *Il principe**
4. Foscolo • *Sepolcri e sonetti**
5. Pirandello • *Così è (se vi pare)*
6. D'Annunzio • *Poesie**
7. D'Annunzio • *Novelle*
8. Verga • *Novelle*

9. Pascoli • *Poesie**
10. Manzoni • *Inni, odi e cori**
11. Petrarca • *Poesie**
12. Dante • *Inferno**
13. Dante • *Purgatorio**
14. Dante • *Paradiso**
15. Goldoni • *La locandiera*
16. Svevo • *Una burla riuscita*

Libretti d'Opera per stranieri
testi con parafrasi a fronte* e note

1. *La Traviata**
2. *Cavalleria rusticana**
3. *Rigoletto**
4. *La Bohème**
5. *Il barbiere di Siviglia**

6. *Tosca**
7. *Le nozze di Figaro*
8. *Don Giovanni*
9. *Così fan tutte*
10. *Otello**

Letture italiane per stranieri

1. Marretta • *Pronto, commissario...? 1*
   16 racconti gialli con soluzione
   ed esercizi per la comprensione del testo

2. Marretta • *Pronto, commissario...? 2*
   16 racconti gialli con soluzione
   ed esercizi per la comprensione del testo

3. Marretta • *Elementare, commissario!*
   8 racconti gialli con soluzione
   ed esercizi per la comprensione del testo

Mosaico italiano
racconti italiani su 4 livelli

1. Santoni • *La straniera* - liv. 2
2. Nabboli • *Una spiaggia rischiosa* - liv. 1
3. Nencini • *Giallo a Cortina* - liv. 2
4. Nencini • *Il mistero del quadro di Porta Portese* - liv. 3
5. Santoni • *Primavera a Roma* - liv. 1
6. Castellazzo • *Premio letterario* - liv. 4

7. Andres • *Due estati a Siena* - liv. 3
8. Nabboli • *Due storie* - liv. 1
9. Santoni • *Ferie pericolose* - liv. 3
10. Andres • *Margherita e gli altri* - liv. 2 e 3
11. Medaglia • *Il mondo di Giulietta* - liv. 2
12. Caburlotto • *Hacker per caso* - liv. 4

Bonacci editore

Finito d stampare nel mese di aprile 2007 dalla Tibergraph s.r.l. - Città di Castello (PG)